D1996404

Neben hervorragenden Leistungen und viel Mittelmaß gibt es unübersehbare Leistungsschwächen an unseren Universitäten. Viel zu viel Bürokratie und Verschwendung einerseits und Ungerechtigkeiten, Mängel in der Qualifikation der Absolventen, überlange Studienzeiten andererseits führen zu Frustrationen und zur Flucht in Idealbilder, die mit der Realität wenig zu tun haben.

Die wachsenden Anforderungen an die Universitäten und Hochschulen können heute nicht mehr mit ständigen Budgetsteigerungen abgefangen werden. Deshalb sind grundsätzliche Reformen unabweisbar geworden. Das vorliegende Buch faßt praxisbezogene Reformvorschläge eines Insiders zusammen und stellt sie zur Diskussion. Ziel ist eine weltoffene, selbständige, demokratische, entbürokratisierte, leistungsfähige und sozial gerechte Universität.

Der Autor ist der leitende Beamte für die österreichischen Universitäten und Hochschulen und nebenberuflich Universitätsdozent für Soziologie.

Universität ohne Heiligenschein

Passagen Wissenschaft und Bildung

Passagen Wissenschaft und Bildung

Herausgegeben von

Christian Brünner
Peter Engelmann
Sigurd Höllinger

Sigurd Höllinger

Universität ohne Heiligenschein

Aus dem 19. ins 21. Jahrhundert

Passagen Verlag

Deutsche Erstausgabe

CIP-Titelaufnahme der Deutschen Bibliothek

Höllinger, Sigurd:
Universität ohne Heiligenschein : aus dem 19. ins 21. Jahrhundert / Sigurd Höllinger – Dt. Erstausg. – Wien : Passagen–Verl., 1992
(Passagen Wissenschaft und Bildung)
ISBN 3–900767–99–8

Alle Rechte vorbehalten
ISBN 3–900767–33–5
© 1992 by Passagen Verlag Ges. m. b. H., Wien
Graphisches Konzept: Ecke Bonk, 1989
Satz: SRZ, Korneuburg

Inhalt

Vorwort

Wenn der Ausdruck nicht ein wenig staubig-akademisch und wenn die Anspielung nicht zu anmaßend wäre, hätte ich die vorliegende Aufsatzsammlung gerne „Gelegentliche Gedanken über Universitäten" genannt. Ich lege hier eine Auswahl von recht unterschiedlichen Beiträgen vor, einige fachlich, einige essayhaft, manche anlaßbestimmt. Gelegentlich hat auch Polemik ihren Platz. Eine Theorie der Universität oder eine erschöpfende Behandlung des Themas „Universität" leistet diese Veröffentlichung nicht. Ich verstehe sie als Beitrag zu einer möglichst offenen, kritischen und sachlichen Diskussion, die das Ziel hat, die Universität zu einer weltoffenen, demokratischen, leistungsfähigen, gut wirtschaftenden, sozial gerechten, selbständigen Einrichtung zu machen. Einen Aspekt der Anspielung auf Schleiermachers 1808 erschienene Schrift, die neben der Arbeit Humboldts große Bedeutung hat, halte ich aber für berechtigt und richtig. Heute ist wie damals eine ins grundsätzliche gehende Reform erforderlich. Das Grundmuster der damals entworfenen deutschen Universität haben wir heute noch und dies dicht verrechtlicht und bürokratisiert. Für all die verschiedenen Fächer und Studien in gleicher Weise. Und schon damals war das Reformprogramm nicht in jeder Hinsicht zeitgemäß.

Keinesfalls soll die Organisation eines Wirtschaftsbetriebes mit ihren eigenen Fehlern nachgeahmt werden. Aber lernen von dieser soll man schon. Vielleicht gelingt es, eine Universität zu schaffen, die die traditionelle Stärke der Selbstverwaltung weiterentwickelt und mit Managementelementen verbindet. Eine Einrichtung könnte entstehen, die, vorbildhaft auch für andere Bereiche, staatlich wichtige, gesetzlich klar vorgegebene Aufgaben erfüllt.

27 Anstöße zur Diskussion

1. Die Schwächen der Hochschulen, zu geringe Leistungsfähigkeit in Lehre und Forschung, Unwirtschaftlichkeit, Unselbständigkeit, Massenbetrieb und individualisierte Idyllen, sowie Personal- und Ausstattungsmängel, können mit Klein-Reformen nicht entscheidend behoben werden.

Änderungen der Orientierung, der Funktionen der Hochschulen und ihrer Organisation sind notwendig; systemkritische, Privilegien und Grundsätze störende, konfliktreiche Diskussion ist erforderlich.

2. Der Staat zieht sich aus der „Verwaltung" und der vielfältigen Regelung im einzelnen zurück. Der Gesetzgeber konzentriert sich auf einfache, die Leistungsfähigkeit und die Unabhängigkeit der Hochschulen sichernde Regeln. Das Bundesministerium für Wissenschaft und Forschung übernimmt die Funktionen einer Holding mit den Hauptaufgaben: Strategische Planung, Finanzierung, Kontrolle, Sanktionen.

3. Durch staatliche Finanzierung, Rahmenvorschriften, faktische Wahrnehmung der Aufsicht sind die Freiheit der Wissenschaft und ihrer Lehre, die Vielfalt der Fächer und Lehrmeinungen – auch der wirtschaftlich/politisch nicht nutzbaren – sowie die Freiräume für Kritik und unangepaßte Entwicklungen zu sichern.

4. Die Universitäten und Kunsthochschulen werden zu selbständigen Körperschaften in handlungsfähiger Größe umgestaltet.

5. Der Bund gibt sein Monopol, Hochschulen zu betreiben und zu finanzieren, auf; die bundesgesetzliche Regelung der Hochschulen sowie Kontrolle und Aufsicht durch den Bund bleiben.

6. Der „kritiklose Schonraum Universität" wird zu einer leistungsorientierten, betriebsähnlichen Einrichtung umgewandelt. Die erforderlichen, heute fehlenden Anreize sind zu schaffen.

7. Die staatlichen Vorgaben müssen die Hochschulen in die Lage setzen, effiziente und selbständige Dienstleistungseinrichtungen zu werden und dann zu bleiben.

8. Bürokratisch und durch Mangel an effektiver Kontrolle und an Konsequenzen verursachte Verschwendung soll durch selbständiges und zu verantwortendes Wirtschaften abgelöst werden.

9. Professionelles Management soll sachrationale Planung und Entscheidungen sichern und an die Stelle ständischer und individueller Interessenskämpfe und Rechtsvorschriften vollziehender Verwaltung treten.

10. Die demokratische Verfassung der Universitäten bleibt, an den Kunsthochschulen wird sie verbessert. Die Kollegialorgane nehmen normengebende Funktionen – innerhalb der auf Detailregelungen verzichtenden Rahmengesetze und Vorgaben des Bundesministeriums für Wissenschaft und Forschung – durch die Festsetzung von Richtlinien sowie die Bestellung und die Kontrolle der Leiter der Organisationseinheiten wahr.

Die Exekutive übernimmt verantwortlich ein Management; dieses besteht aus managementfähigen Hochschullehrern und/oder professionellen Managern mit fachlich qualifizierten Mitarbeitern.

11. Jede Hochschule hat ein Kuratorium, in dem Vertreter des Bundes sowie die regionalen gesellschaftlichen und wirtschaftlichen Kräfte mitwirken. Das Kuratorium gibt Empfehlungen zu Entwicklungsplänen, Budget und Leistungen ab.

12. Das Prinzip der Einheit von Forschung und Lehre soll für Institute, Fachbereiche, Fakultäten, Universitäten gelten. Für den einzelnen Wissenschafter wechseln Phasen von mehr bis ausschließlich Forschung mit Phasen von mehr oder nur Lehre ab.

13. Die einzelnen Hochschulen sollen – schwerpunktmäßig – eigenständige Profile im Lehrangebot und in der Forschung entwickeln.

14. Die Hochschullehrer sollen sich verstärkt ihren eigentlichen Aufgaben, nämlich Wissenschaft zu betreiben, widmen. Die Wissenschafter sind von den Aufgaben der Selbstverwaltung zu entlasten. Größere Einheiten mit gemeinsamer Organisations- und Managementunterstützung lösen die heutige „Monaden"-Struktur ab.

15. Die Bezüge der Hochschullehrer, auf international konkurrenzfähige Höhe gebracht, enthalten eine spürbare, von der Beurteilung der Leistung in Lehre und Forschung abhängige Komponente.

16. „Immer-nur-in-der-Schule-Karrieren" von Hochschullehrern sollen die Ausnahmen werden.

17. Hochschullehrer werden grundsätzlich zuerst auf Zeit bestellt, entweder mit Vertrag oder öffentlich-rechtlich. Bis zu 50 Prozent der Hochschullehrer einer Fakultät/Universität/Kunsthochschule können in einem dauernden Dienstverhältnis stehen.

18. Das Studiensystem ist dreigliedrig:

a) dreijährige Grundstudien mit offenem Zugang für – erheblich mehr – Maturanten und für Studienwerber mit Studienberechtigungsprüfung, „Fachmatura" et cetera;

b) zweijähriges Magisterstudium mit Grundstudium als Voraussetzung; Zugangsregelungen möglich;
c) zweijähriges Doktoratsstudium mit Magisterstudium als Voraussetzung; Zugangsregelungen möglich.

Grundstudien und Magisterstudien qualifizieren vor allem für Berufstätigkeiten außerhalb der Hochschule. Doktoratsstudien führen zu anspruchsvoller wissenschaftlicher Berufstätigkeit. Die tatsächlichen Studienzeiten dürfen bei höchstens 25 Prozent der Studenten höher als die vorgeschriebenen liegen.

19. Das Prinzip der Einheitlichkeit der Gestaltung der Studien an den einzelnen Hochschulen wird auf ein Minimum, das nationale und internationale Anerkennung und Konkurrenzfähigkeit sichert, eingeschränkt.

20. Die staatlichen Studienvorschriften bestehen aus nur wenigen strukturbildenden, kontinuierliche Erneuerung sowie Kritik und Kontrolle begünstigenden Regelungen. Die konkrete Gestaltung liegt bei der Hochschule.

21. Die Lehre im Grundstudium und im Magisterstudium ist weniger als Abbild der Arbeitsteilung in der Forschung der Fächer und Teilfächer zu gestalten, sondern mehr auf die praktischen Erfordernisse, nämlich mit wissenschaftlichem Wissen zu handeln, auszurichten.

22. Der Vorrang der Bedeutung von „Lehren und Lernen“ vor der der „Prüfung“ ist herbeizuführen und zu sichern.

23. Die „zweite Öffnung“ der Universitäten ist einzuleiten: Die Hochschulen sollen sich in Konkurrenz mit den nicht-universitären Anbietern in der Weiterbildung für alle Interessierten – auch ohne formelle Vorbildungsvoraussetzungen – engagieren. Berufsqualifizierende Angebote sind kostendeckend zu füh-

ren, Bildungsangebote zur Lebensbewältigung staatlich zu stützen.

24. Neue Institutionen, Studienangebote sind anfänglich befristet, erst nach erwiesener Bewährung auf Dauer einzurichten. Andauernd unzulängliche Leistungen in der Lehre und/oder schwache Forschungsleistungen sollen zur Einstellung führen.

25. Die staatlich finanzierte soziale Absicherung der Studenten wird wesentlich verbessert. Die Menge der Studienbeihilfenbezieher wird auf die tatsächlich Bedürftigen, das ist etwa die dreifache Zahl der heutigen Studienbeihilfenbezieher, ausgedehnt, die Stipendien werden angehoben, wesentlich mehr für die Unterbringung, auch ausländischer Studenten, getan.

26. Die starre Koppelung von Studienabschlüssen und Eintrittsberechtigungen in bestimmte Berufe ist zu lockern. Die Universitätsprüfungen sollen keine Staatsprüfungen sein. Die Aufnahme in Stellen des öffentlichen Sektors oder in staatlich geregelte Berufe wird an eigene Prüfungen der Dienstgeber gebunden, wobei der formelle Bildungsgrad eine untergeordnete Rolle spielt.

27. Österreich braucht mehr und in kürzerer Zeit qualifizerte – ausgebildete, gebildete, weiterbildungsfähige – Hochschulabsolventen und mehr Forschung auf der Höhe der Zeit.

Autonomiesehnsucht und Regulierungswut

Viele Auseinandersetzungen werden mit „Gesetzesflut" und mit „betriebswirtschaftlichen Sachzwängen" bestritten. Beides polemische Begriffe! Welche Realitäten decken sie ab? Welche grenzen sie aus? Wer bemüht sie, mit welcher Absicht?

Die „Gesetzesflut" gehört den Professoren. Die „betriebswirtschaftlichen Sachzwänge" der Verwaltung. „Gesetzesflut" ist für alle böse. Die „betriebswirtschaftlichen Sachzwänge" sind für die Wissenschafter eine Zumutung, für die Verwalter die leitende Vernunft, wenn man sie nur ließe. Da haben sie, sagen die Verwaltungsleute, gleich zwei Gegner: Natürlich die Wissenschafter, aber auch die Gesetze.

Alle Beteiligten diskutieren wenig miteinander, tragen die Konflikte nicht aus, machen nicht einmal Streitpunkte klar. Jeder für sich, und der Staat gegen alle! Was ist das für eine politische Kultur? Und: Funktionieren die Hochschulen wie sie sollen? Warum eigentlich verlangen sie immer mehr Geld, immer mehr Mitarbeiter vom Staat?

Lassen Sie mich einige Erlebnisse aus einem einzigen Arbeitstag schildern! Nehmen Sie sie bitte als Hinweis auf die Schwächen der Bürokratie und auf die eigentümliche politische Kultur.

Am Weg ins Büro begegne ich einem jungen, schon stark resignierten Professor: Er trägt am Tag seiner Vorlesung im Hauptgebäude stets eine Schachtel mit Kreide und ein feuchtes Tuch in einem Nylonsackerl mit sich (von seiner Frau eingepackt, versteht sich). In seinem Hörsaal findet er nur selten Kreide vor. Einen nassen Schwamm hat es zuletzt vor einem Jahr gegeben. Im selben Hörsaal ist seit sechs Monaten eine Fensterscheibe kaputt. Eine Deckenlampe ist vor fast einem Jahr ausgefallen. Der Professor möchte statt der neuen Privatrechtsfähigkeit einen ordentlichen Hörsaal.

In meinem Büro dann höre ich, daß sich ein Rektor statt mit den mit Nachdruck und allen wissenschaftlichen Begründungen und durch Vergleiche mit amerikanischen Elitehochschulen verlangten 70 (siebzig) Gast-Zeit-Professoren mit 5 (fünf) zufrieden gegeben hat.

Der Rektor einer anderen Universität erbittet die Zustimmung zu folgendem Trick: Er tritt einen Teil der ordentlichen Dotation seines Institutes an ein neu gegründetes Institut ab, weil dieses durch die autonome Verteilung viel zu wenig erhält. Er würde mit eigenen Einnahmen den Ausgleich der fehlenden ordentlichen Dotation seines Instituts herbeiführen. Den Betrag schließlich sollte das Ministerium durch Gewährung einer zusätzlichen außerordentlichen Dotation zum Ankauf eines Gerätes abgelten. Eine andere Lösung sei rechtlich und hochschul-innenpolitisch nicht möglich.

Ein anderer Professor beschimpft mich dann am Telefon wegen der vom Gesetzgeber (nicht vom Bundesministerium für Wissenschaft und Forschung oder gar von mir) eingeführten Meldepflicht über die Drittmittelgebarung an das Ministerium – jetzt im Wege der Fakultäten, des Senates beziehungsweise der Gesamtkollegien. Die eigenen Einnahmen solle das Ministerium kontrollieren, weil es dies gar nicht ernsthaft könne, aber die Professorenkollegen, die professionellen Assistentenvertreter, die wissenschaftlich nichts leisteten, und die unwissenden Studenten, unter denen es noch immer Kryptokommunisten gäbe, die alle gehe das gar nichts an. Nur der zerstörerische Neid werde gepflegt. Seine Klage wird von der Mitteilung begleitet, die Drittmittelgeschäfte werde er ab nun wieder über einen Verein abwikkeln.

In einem weiteren Anruf beklagt sich ein Prorektor darüber, daß ihm „da Dokta" (so nannte er den Universitätsdirektor, der eben immer nur Doktor bleibt, weil er kein Professor werden kann) laufend in unzulässiger Weise in seine Geschäfte, die rechtlich sicher aber nicht die seinen waren, dreinredete.

Im Posteingang finde ich fünf Listenvorschläge für die Besetzung von Professorenstellen. In drei Fällen weisen offensichtlich die Studentenvertreter die erforderliche Qualifikation nicht auf. Die Berufungskommissionen hatten sich laut Protokoll mit dem Problem nicht befaßt. Listen zurückschicken? Die Vakanzzeiten der betroffenen Stellen betragen schon zwischen zwei und dreieinhalb Jahren. Hoffentlich nimmt der Bundespräsident den Mangel nicht als Begründung, eine Ernennung nicht vorzunehmen!

Ein Assistentenspitzenfunktionär erklärt mir dann die seiner Meinung nach notwendigerweise bestehende Diskrepanz zwischen seiner persönlichen Ansicht und der in seiner Funktion, die er kürzlich in einer wichtigen Stellungnahme vertreten mußte.

Ein Ordinarius bittet mich, sei es förmlich, sei es informell, die Gleichwertigkeit eines an einer angesehenen englischen Universität erworbenen PhD mit einem österreichischen Diplom zu erwirken. Unsere Rechtsvorschriften, deren vor allem quantitative, bürokratische Handhabung durch die zuständigen akademischen Funktionäre und durch die Verwaltung ließen dies nicht zu. („Der hat ja nicht einmal ein Rigorosum abgelegt, außerdem können die Stunden nicht nachgewiesen werden.“) Dies an der Tür zur EG!

Mitteilung aus dem Bundeskanzleramt: Einem angesehenen Wissenschafter (Österreicher in den USA) kann die von ihm verlangte Gehaltsstufe nicht gewährt werden. Die ihm „zustehende“ wird auf der Grundlage seiner bisherigen, nachgewiesenen Bezüge – mit einem geringfügigen Zugewinn – errechnet. Auch die Befassung von zwei Ministerkollegen durch den Wissenschaftsminister nützt nichts. Nicht der Wissenschaftsminister oder die Universität bestimmt seinen Marktwert, sondern bürokratische Regeln.

Ich erfahre das Ergebnis der Begutachtung eines Berichtes über hochschuleigene Planung durch die Fakultäten und Hochschulen. Lediglich zwei Fakultäten haben eine inhaltliche Stellungnahme, die eine Auseinandersetzung mit dem Papier enthält, vorgelegt. Der Bericht ist das Ergebnis einer intensiven und offenen Diskussion einer Arbeitsgruppe. Die Intention der Sache war, die Bedingungen für hochschuleigene Planung zu verbessern. Trotz aller Klagen über Gesetze und Staatstätigkeit wenig Interesse an eigener Planung also.

Als nächstes habe ich mit der Genehmigung der Mittel für Anmietungen zu tun. Alles zusätzlich, nichts wird aufgegeben, weitere kleine und kleinste Standorte. Wie beantragt vorgelegt, ohne erkennbare Auseinandersetzung an der Universität über die Zweckmäßigkeit.

In der Post lese ich Briefe über die angebliche Unzulässigkeit der Kontingentierung der Mittel für Kollegiengeld für die sogenannten nichtremunerierten

Lehraufträge. Die Freiheit der Wissenschaft werde eingeschränkt. Für die wissenschaftliche Lehre müßten vom Staat, wenn dies ein universitäres Kollegialorgan beschlossen hätte, die erforderlichen Mittel auf jeden Fall zur Verfügung gestellt werden.

Ein Klinikchef bittet mich, ihm doch selbst den Ankauf einer Videoanlage zu erlauben, da die Amtswirtschaftsstelle der Universitätsdirektion seiner Universität nach dem rechtlich vorgeschriebenen, langwierigen Ausschreibungsverfahren, an dem seiner Meinung nach sinnloserweise auch Mitarbeiter des Bundesministeriums für Wissenschaft und Forschung und von diesen bestellte Experten teilgenommen hätten, nach dem Ankaufsentscheid seit fast einem Jahr überhaupt nichts getan hätte.

Ein Geschäftsführer eines der vom Ministerium beauftragten Betriebsberatungsunternehmen deutet an, er werde das Handtuch werfen: Wegen des ihm aus der Erfahrung mit Industrie- und Dienstleistungsunternehmen unbekannten Widerstandes gegenüber auch nur kleineren Veränderungen, wegen der beträchtlichen, schwer korrigierbaren Qualifikationsmängel sowohl in der Verwaltung als auch bei akademischen Funktionären. Einsparungen – bei gleichem Ergebnis – wären für die Hochschulleute kein vordringlich erstrebenswertes Ziel.

Einige Interventionen kommen dann über die mangelnde oder überragende Qualifikation von Assistenten, deren Pragmatisierungsverfahren laufen; zum Teil auch im Widerspruch zum Abstimmungsverhalten. („Sie verstehen, in einer Kommission kann man nicht anders. Statt der vielen Kommissionen bräuchten wir einzelne hervorragende starke Leute!")

Ich breche nach dem nächsten Beispiel ab: Bei einem anderen Anlaß werde ich selbstverständlich die Gelegenheit wahrnehmen, auch über positive Aspekte zu reden. Einige Professoren führen erbitterte Klage darüber, daß der Gesetzesentwurf, an dem sie in einer Arbeitsgruppe des Ministeriums im Zuge des Gesetzwerdungsverfahrens mitgewirkt haben, durch den Minister nach dem Begutachtungsverfahren und durch den Nationalrat abgeändert wurde. Es herrsche Beamtenterror. Es werde große Schwierigkeiten geben. Professorenmeinung über dem Gesetz!? Welche Demokratieauffassung? Andere Professoren verlangen eine sofortige Novellierung, die die Aufnahme ihrer Disziplinen als Pflichtfach vorsieht. Zur Sicherung der Herzogtümer und auch der kleinsten wissenschaftlichen Zitadellen muß das Gesetz her.

Alle diese kleinen Geschichten zeigen vor allem kein individuelles Versagen, nicht persönliche Schuld. In fast allen Beispielen gibt es das Bemühen, rationale Ergebnisse innerhalb der Fesseln der Vorschriften zu erreichen. Sie sind Hinweise auf Schwächen der Organisation und auf eine eigentümliche politische Kultur an den Universitäten.

Ausmaß und Detailliertheit der Verrechtlichung sind – kaum jemand bestreitet dies – sehr weit, viel zu weit entwickelt. In letzter Zeit empörten sich bereits einige Abgeordnete zum Nationalrat über die bedeutungslosen Materien, die ihnen zur Behandlung vorgelegt wurden, Kleinigkeiten und Einzelheiten, für deren seriöse Beurteilung aber viel Sachwissen erforderlich ist.

Die starke Eigendynamik der Verrechtlichung hat längst die ursprünglichen Ziele, nämlich Schutz vor Willkür, Kalkulierbarkeit des Geschehens an der Hochschule, Sicherung von Rechtsansprüchen, Sicherung der Erfüllung der gesellschaftlichen Aufträge an die Hochschulen aus dem Zentrum der Überlegungen verschoben.

Viele Wissenschafter sehen dadurch ihre antistaatlichen Haltungen bestärkt. Sie übersehen dabei, daß sie selbst Beamte, die Hochschulen staatliche Einrichtungen sind. Über ihnen gibt es für sie nur „die Wissenschaft", oft nur ihre eigene, vielleicht noch den lieben Gott. Aber sicher nicht Gesetze oder Rechtsvorschriften, die von diesen abgeleitet werden.

Natürlich gibt es auch in den hochgeregelten bürokratischen Organisationen Spielräume bei den Entscheidungen, vielleicht auch Willkür. Ich kenne sogar die eine oder andere bürokratisch ermöglichte Klein-Tyrannis. Aber, was hier vorliegt, und was ich aufregend finde, ist die generell ablehnende Haltung gegenüber staatlicher Regelung und staatlicher Tätigkeit. Die Aufgabe des Staates solle es sein, immer mehr Mittel zur Verfügung zu stellen und den eigenen Bereich zu sichern. Kontrolle dürfe es lediglich im Inneren geben oder durch die Peers. Gut – wenn diese Kritik und Kontrolle nur funktionierten! Die Leistungen werden aber nur zum geringsten Teil gemessen, beurteilt, diskutiert und kritisiert. Herausragende wie mangelhafte Leistungen bleiben meist folgenlos.

Und das betriebswirtschaftliche Grundmuster, die Beziehung von Aufwand und Ergebnis, wird überhaupt nicht hergestellt. Es gibt auch kaum reale Verantwortung für die Leistungen oder für das Arbeitsergebnis, das den Aufwand berücksichtigt.

Die Polemik gegen die Gesetze, verbunden mit der Forderung nach mehr Autonomie, hat auch eine andere – nützliche – Funktion, Entlastung nämlich. Die Universitäten leiden an einer beachtlichen Diskrepanz von Anspruch und Realität. Daran sind neben zu wenig Raum, Personal und Geld immer auch die Gesetze schuld. Die Universitäten wollten und könnten ja, wenn man es ihnen nur erlaubte.

Aus der Verwaltung ist seltener die Klage über die „Gesetzesflut" zu hören, wohl über einzelne, als unnötig erachtete Vorschriften – und dies häufig. Den Prinzipien der österreichischen Verwaltung getreu werden die Vorschriften beachtet, auch wenn es manchesmal kompliziert ist, auch wenn mit kaufmännischem Hausverstand die beste Lösung nicht möglich ist. Wie in einer funktionierenden bürokratischen Organisation üblich, geht meist Regeltreue vor Zielorientierung.

Ängstlichkeit spielt freilich auch eine Rolle, Bequemlichkeit auch, am besten abgesichert von oben (Anfragen, Rückfragen). Nicht immer wird im Sinne der besten Zielerreichung der Spielraum, dem auch das strenge Regelsystem eröffnet, ausgenützt.

Kaufmännisch Talentierte, betriebswirtschaftlich Gebildete, Machtbewußte, Sparsame, für die die Zielorientierung (zum Beispiel der günstigste Auftrag, die wirksamste und am besten annehmbare Kontrolle der Telefongebührenausgaben, die optimale Nutzung von Geräten) bewußt im Wettstreit mit der Regeltreue liegen (Vorschrift ist Vorschrift), haben nicht immer ein verständnisvolles Umfeld („Es kann nie genug Geld für die Wissenschaften geben."). Gelegentlich geraten sie an den Rand des Kriminals. Dies, obwohl sie vernünftig denken und handeln und sich auf Kriterien und Verfahren berufen können, die in einem Wirtschaftsbetrieb selbstverständlich sind. Ich möchte nicht öffentlich machen, welche Kunststücke mit den haushaltsrechtlichen Vorschriften aufgeführt werden, damit halbwegs kaufmännisch gearbeitet werden kann.

Die Berufung auf die Gebote der Sparsamkeit und Wirtschaftlichkeit, die ja im öffentlichen Sektor, jedenfalls als Anspruch, eine wichtige Bedeutung haben, wird – mit oder ohne betriebswirtschaftlichem

Sachverstand – oft ins Treffen geführt, um die einfach behaupteten oder tatsächlichen „Narreteien“ der Wissenschafter und der Studenten in Grenzen zu halten. Oft im Unverständnis des Wissenschaftsbetriebs und mit emotionaler Ablehnung. Es gibt auch Rechthabereien, Auseinandersetzungen über Einfluß, Macht, wobei es sich für die Verwaltung zu lohnen scheint, mit betriebswirtschaftlichen Kategorien oder mit vermeintlich solchen zu argumentieren. Diesen wird, wenn der Appell, Vorschriften zu beachten, nicht wirkt, ein hoher Rang zugeschrieben, der sich noch erhöhen läßt, wenn man aus den betriebswirtschaftlichen betriebswissenschaftliche Kategorien macht oder wenn man sie zu unantastbaren verstärkt, indem man sie als Sachzwänge ausgibt. Die sie keineswegs immer sind.

Nicht der regulierungswütige Staat auf der einen Seite und nicht die autonomiesehnsüchtige Universität auf der anderen Seite sind zutreffende Bilder der Wirklichkeit. „Gesetzesflut“ und „betriebswirtschaftlicher Sachzwang“ sind vor allem wichtig bei der Sicherung von Interessen, Privilegien und Einfluß.

Was not tut, ist mehr sachliche, auch Tabus erfassende Diskussion, die uns zu schmerzhaftem Realitätsgewinn führt – und zu besseren Hochschulen.

Universität ohne Heiligenschein

Er war schon besser, der alte Professor.[1] Raunzen ist gut und wichtig. Eine Sonderform des Raunzens, das gelehrte öffentliche Räsonieren auch. Unverzichtbarer Bestandteil der diskussions- und konfliktarmen universitären politischen Kultur?

Für diejeningen Leser, die Marian Heitgers Beitrag nicht zu Ende, gar nicht gelesen oder vergessen haben, eine kurze Zusammenfassung: Der einleitenden Klage über den Verfall an Bildung folgt die Erklärung mit den bekannten bösen Feinden der Universität: Die Studentenmassen, die Gruppeninteressen, die Bürokratie und die Öffentlichkeit. Gefordert seien „philosophische Köpfe", kritische natürlich und bestimmt von der Sehnsucht nach vergangenen Zeiten.

Sehnsucht ist ein Gefühl, das die Kenntnis der Realitäten von heute und damals entbehren darf. Rational ist die Sache aber nicht, auch wenn sie als solche ausgegeben wird. Professor Heitgers blendende und verblendete Sicht der Universität ist ganz und gar nicht ungewöhnlich und nicht neu, aber beständig. Vielleicht hilft es, zum Beispiel eine Satire der Aufklärung zu lesen, die sich – schon vor zweihundert Jahren – über solche Sichtweisen lustig gemacht hat.[2]

Wem dient dieses Räsonieren? Den engagierten, leistungsorientierten Forschern und Lehrern? Der

Entwicklung einer sachrationaleren Organisation von Wissenschaft? Dem gesellschaftlichen, kulturellen, wirtschaftlichen Fortschritt und dessen kritischer Reflexion?

Ja, für Kritik, nicht aber für letztlich schützende, bin ich auch, wie immer mehr Besorgte und Unzufriedene. Für Kritik der Tabus, der Privilegien, der staatlich finanzierten und gesicherten Schonräume, für Kritik an den Tarnungen von Einzel- und Gruppeninteressen. Eine solche Kritik ist der notwendige Anfang einer zielführenden Diskussion, die Realitätsgewinn erzeugt. Anspruch und Wirklichkeit der Universität dürfen dabei nicht miteinander verwechselt werden, so schwer dies vielen auch fällt, die sich berufen fühlen zu sagen, was ist und was sein soll.

Vermutlich kann nur ein Einwohner der Universität so akademisch und gleichzeitig so un-akademisch akademische Vorurteile, nämlich die generelle Ablehnung von Organisation und Interesse, vertreten und ein Heiligenbild von der voraussetzungslosen Wissenschaft verkündigen – wie Marian Heitger.

Es geht ins einundzwanzigste Jahrhundert, nicht ins neunzehnte. Unsere Studenten haben sich sehr viel Wissen anzueignen, besser gesagt: Sie haben bei zahlreichen Prüfungen viel Wissen nachzuweisen, in vielen, vielen Einzelfächern und Teilfächern, keines in Bezug zu einem anderen. Jedes Fach, jedes Teilfächerchen das Zentrum allen Wissens. In nicht-europareif extralangen Studien. Nach bürokratisch und aufwendig entwickelten Studienvorschriften, die die Arbeitsteilung der hochspezialisierten Forschung abbilden: Fast jedes, auch noch so kleine spezialisierte, durch Forschungsarbeit, Habilitation definierte Fach oder Teilfach wird zum Prüfungsfach. Viel, sehr viel Wissen, Detailwissen führt zum Diplom. Zum Denken über die Dinge kommt man nur selten. Mit wissenschaftlichem Wissen zu handeln – etwas tun – lernt kaum jemand. In unserem Schulsystem und erst recht an der Universität wird das Einzelkämpfertum gefordert und gefördert. Nur die Leistung des einzelnen zählt.

Interdisziplinarität wird meist nur beschworen, es gibt sie nicht. Zusammenhänge des Einzelfaches mit anderen Fächern, Voraussetzungen für das Wissen des betreffenden Faches und seine Folgen bleiben ausgeklammert. Das System der Studienvorschriften und die universitäre Organisation begünstigen die Betonung der Bedeutung des isolierten Einzelfaches.

Unmöglich wären aber integratives Denken, Lehren und Prüfen, kritisches, Kreativität förderndes Reflektieren nicht. Kooperieren – in nahezu allen Berufen notwendig und selbstverständlich – lernt man nicht. Unsoziale Haltungen werden begünstigt.

„Der beste Kollege ist der, der mir aus dem Weg geht", heißt es nicht selten an der Spitze der Hierarchie. Doch hat die autonome Selbstbestimmung Grenzen, in Regeln und Organisation. Die haben sich zu wahren Monstern, die keiner mehr richtig kennt, entwickelt. Aber nicht allein durch bürokratische Regulierungswut, sondern vor allem durch Mangel an Selbstbewußtsein, Entscheidungsunfähigkeit und wegen der Delegierung aller Probleme an den Staat.

Was die einzelnen an der Universität, was die Stände eint, ist das Fordern von mehr staatlichen Mitteln. Meist nicht erfüllbar, aber oft berechtigt. Jeder für sich und der Staat gegen alle? Der Staat kann Organisation, Heizung, Bücher, Maschinen, Papier und Kreide bereitstellen. Selbstbestimmung, Reflexion, auch über die Voraussetzungen, Zusammenhänge und Folgen von Wissen – Bildung – lassen sich staatlich nicht organisieren. Dazu gehören Kollegen, nicht nur Kollegialorgane.

Reale Verantwortung für erbrachte und fehlende Leistungen zur Ausbildung und Bildung der Absolventen gibt es nicht. Nicht „Marktrisiko", nicht „Produkthaftung", auch wenn eine solche Verantwortung individuell gesehen oder moralisierend vorgegeben wird. Die Folgen der „Produktmängel" tragen nicht die einzelnen Lehrer, nicht die Universität, sondern nur die Konsumenten dieses Guts, nämlich die Absolventen und die Dienstgeber.

Um in der Debatte um Universität und Markt nicht einigen der gehandelten Pseudomarktkonstruktionen aufzusitzen, ist es ziemlich wichtig, nicht so sehr formale Elemente des Marktes in den Vordergrund zu stellen (zum Beispiel den Preis), sondern den Kern der Angelegenheit. Der besteht, was die Angebotsseite betrifft, im wesentlichen darin, daß der Marktmechanismus unter der Drohung wirtschaftlicher Existenzgefährdung den Anbieter zwingt, für sein Produkt einen Käufer zu finden, der einen Preis bezahlt, der die Kosten deckt, und auf Dauer einen Gewinn erzielt. In diesem Sinn haben die Universitäten keinen Markt. Die Universitäten können extrem marktfern und auch mit sehr hohen Kosten Ausbildung und Wissen produzieren, ohne daß es für sie merklich negative Folgen hat. Die Kosten werden sozialisiert, und Produktmängel hat der Konsument zu tragen. Nicht die Universität geht auf den Markt, sondern nur ihre Absolventen. Im Extremfall bleibt der auf sich sitzen und nicht die Universität. Wäre die Universität ein echter Marktteilnehmer, müßte sie zum Beispiel für ihre arbeitslosen Absolventen aufkommen. Die Universität kann aber das Marktrisiko völlig auf ihre Absolventen verlegen.

Der Akademikerarbeitsmarkt wiederum ist nur in einem sehr eingeschränkten Sinn ein Markt. Die Preisbildung (Gehaltsbildung) folgt nur marginal dem Gesetz von Angebot und Nachfrage, viel mehr dem Bedarf an sozialer Ungleichheit. Das Unternehmen X kauft mit einem Betriebswirt nicht nur fachliche Qualifikation, sondern auch Loyalität. Ließe sich zum Beispiel Managementleistung erzwingen wie Fließbandarbeit, würde sie auch nicht so viel besser bezahlt. Die „Loyalitätsprämie“ kann nicht beliebig reduziert werden.

Der Akademikerarbeitsmarkt ist in einem hohen Ausmaß staatlich geregelt, das heißt, er ist einer mit sehr viel Marktordnung (Berufsrecht und Dienstrecht im öffentlichen Bereich). Die Konkurrenz zwischen Akademikern und Nichtakademikern ist damit sehr stark eingeschränkt. Längerfristig gesehen: Es gibt ein staatlich reguliertes Unterangebot an Akademikern. Damit gibt es auch eine sehr begrenzte Konkurrenz zwischen Akademikern um einen Arbeitsplatz, nicht um eine Karriere. Das heißt in Summe, die Universität produziert ohne Marktrisiko tendenziell Wissensmonopolisten. Die Produktqualität kann miserabel sein, ohne daß es für die Universität und den Großteil ihrer Absolventen ernsthafte Folgen hätte. Der Ansatzpunkt, dieses System aufzubrechen, ist aufs erste nicht Hochschulpolitik, sondern Akademikerpolitik: viel weniger Marktordnung (Berufsrecht, Vorbildungsprinzip) und ein Überangebot an Akademikern.

Mehr Markt kann im gegenwärtigen System nur mehr Akademikerarbeitsmarkt bedeuten. Das Universitätsproblem ist damit aber noch nicht gelöst, nämlich die Anbindung der Universitäten an einen Markt. Was hierzulande und derzeit als Lösung gehandelt wird (Privatuniversitäten, Eliteuniversitäten, Studiengebühren), hat mit Markt nichts zu tun, sondern ist das Ergebnis eines sinnlosen Universitätssystemtourismus, dessen Reisende weder das eigene noch die fremdländischen Universitätssysteme ganz richtig verstehen. Nicht-Staatlichkeit konstituiert noch keinen Markt, abgesehen davon, daß es in keinem Land der Welt ein sich selbst finanzierendes Privatuniversitätssystem gibt. Eine Differenzierung in sogenannte Eliteuniversitäten und andere hat mit Markt nichts zu tun. Das heißt nur, daß in einem nationalen Universitätssystem einige wenige auf Kosten der anderen den Zugang zu einem kleinen, besonders privilegierten Teilarbeitsmarkt monopolisiert haben. Falls sie mit Studiengebühren operieren, bedeutet das, daß sie dafür eine Art Schutzgebühr einheben. Das ist aber nicht marktwirtschaftlich. Man kann natürlich Studiengebühren einführen. Die sind nur kein Preis, sondern genau das, als was sie bezeichnet werden, nämlich Gebühren – ein nicht kostendeckender Kostenbeitrag. Damit kann man Finanzierungsprobleme mildern, aber mit Markt hat das wieder nichts zu tun. Manche Universitätslehrer hätten Gebühren gern, weil sie wie viele Beamte den Umfang ihres Klientels reduzieren und zusätzlich Mittel zur Selbstvermehrung haben möchten, anstatt unter der Bedingung staatlicher Budgetknappheit wirtschaftlicher zu operieren. In unseren österreichischen Verhältnissen ist die Gefahr sehr groß, daß Studiengebühren den Charakter eines Bildungswegzolls erhalten, dessen Erträge nicht dazu verwendet werden, die Wege und Brücken instandzuhalten, sondern die Zollwärterhäuser prächtig auszustatten.

Es scheint mir sehr wichtig, bei allen nach Markt klingenden Vorschlägen sorgfältig abzuwägen, ob es sich wirklich um marktwirtschaftliche Elemente handelt, oder nur um Marktsimulationen, die von Leuten in die Welt gesetzt werden, die mangels persönlicher Markterfahrung den Markt nur vom Lesen und Vorlesen kennen.

Damit wäre aber auch die Richtung angedeutet, in die eine Problemlösung gehen könnte. Aus der geschützten Beamtenlaufbahn des typischen Universitätslehrers sollte ein Universitätslehrermarkt werden, der die scharfe Grenze zwischen Universität und dem großen Rest der Welt aufhebt.

Rund neunzig Prozent der Absolventen unserer Universitäten gehen in Berufe, in denen sie nicht Wissenschaft betreiben, sondern Wissen, wissenschaftliches Wissen und Fertigkeiten meist aus mehreren Disziplinen anwenden müssen. Distanzierte, kritische, selbstbewußte Haltung der Universität mit Kenntnis der Realitäten ist die nötige Voraussetzung für gute Lehre. So zu tun aber, als hätte die universitäre Lehre mit der Welt draußen nichts zu tun, oder: sollte nichts zu tun haben, ist entweder Ausdruck von Unsicherheit oder überzogenem Schutzbedürfnis vor wirtschaftlichen und staatlichen Einflüssen und Anforderungen. Oder Zeichen von Weltflucht oder dem Bestreben, individuelle Idyllen zu sichern.

Alle Universitätslehrer an einer Fakultät wissen voneinander, was jeder leistet, in der Forschung auf jeden Fall, aber auch in der Lehre, wissen, wer sich in der Lehre einsetzt, wissen auch, wer sich absentiert. Es ist dies aber ein völlig folgenloses Wissen. Es dient nicht sachlicher Diskussion und Kritik mit Folgen. Ein kritikloser Schonraum zum Nutzen derer, die sich zu wenig engagieren, zu wenig leisten, zum Nachteil der vielen guten Lehrer und derer, die das „Marktrisiko“ tragen, der Studenten und der Dienstgeber der Absolventen.

In der Universität muß Verantwortung für die Lehre, und zwar tatsächlich wirksame, festgelegt werden. Lehrformelhafte gesetzliche Aufträge genügen nicht. „Schulen" innerhalb der Fakultäten sollen gebildet werden. Um Vorbilder kennenzulernen, muß man freilich über Deutschland hinausblicken, was vielen unserer Bildungsexperten und Bildungspolitiker nicht leicht fällt.

Die gängige individualistische Interpretation des Prinzips der Freiheit der Wissenschaft und ihrer Lehre („Ich lehre und forsche, was und wann ich will") schließt Kontrolle der Leistungen und Konsequenzen aus und begünstigt Fehlentwicklungen: Zum Beispiel jahrelang unveränderte Vorlesungen, schlechte oder entfallene Lehrveranstaltungen, Konzentration auf das Spezialfach, oft in einer Nische, Vernachlässigung der Einführung. Die Bedeutung des einzelnen Faches (Pflichtstunden und von diesen abgeleitet: Mitarbeiter, Geräte, Fensterachsen) wird in den Studienvorschriften, mit Gesetzesrang gesichert. Die neuen Fächer haben da nur geringe Chancen auf gute Plätze in den Studienvorschriften und bei der Zuteilung von Mitarbeitern und Mitteln.

Die Studienzeiten werden länger und der Betrieb immer teurer. Und gegen Vorschriften und Bürokratie läßt sich gut polemisieren, und viele merken nicht, daß sie selbst ein Teil einer bürokratischen Organisation sind, in der die Form, die Regeln mehr gelten als der Inhalt.

Notwendig ist ein pragmatisches Autonomieverständnis, das die soziale Bindung der Universität und die Vorteile dezentral organisierter Entscheidungsprozesse und das Fehlen eines funktionierenden Marktes berücksichtigt. Das bedeutet: Mehr und effektivere Grobsteuerung der Universitätsentwicklung durch den Staat, der finanziert und Leistungen sicherzustellen hat, der aber auf Detailregelung und Feinsteuerung verzichtet, und: Die Selbständigkeit der einzelnen Universität. Die Universitäten müssen zu betriebsähnlichen, leistungsorientierten Einrichtungen mit eigenem Profil in Lehre und Forschung und mit realer Verantwortung umgewandelt werden. Sie brauchen mehr Geld; man sieht dies, wenn man mit entwickelten Industrieländern vergleicht. Sie müssen aber – viel weniger staatlich reglementiert – besser wirtschaften, weniger selbstzweckhaft ausbilden und bilden, sie müssen unbürokratischer und leistungsfähiger werden. Es ist staatliche Aufgabe, dies zu ermöglichen.

Leistungsfähigkeit durch Internationalität

Wissenschaft soll eine internationale Sache sein. Die österreichische Wissenschaft muß internationaler werden.

Ja. Aber mitunter wird in der hochschulpolitischen Diskussion Internationalität als eine nur einseitige Beziehung, nicht als eine wechselseitige, bei der beide Seiten etwas zu sagen haben, gesehen. Internationalität wird auch oft als Wert an sich gehandelt und als Forderung nach mehr Geld an den Staat weitergereicht, ohne Begründung, was auf welche Weise durch erhöhte Budgetmittel zur Förderung der Internationalität im einzelnen erreicht werden soll. Es gibt gute Gründe, dieses bedingungslose Plädoyer für eine verstärkte Internationalisierung kritisch zu hinterfragen, damit eine sinnvolle Politik entwickelt werden kann.

Österreich ist ein Kleinstaat mit spezifischen historischen und kulturellen Voraussetzungen, die sein Wissenschaftssystem prägen. Ganz gelöst von den Ansprüchen ehemals imperialer Größe hat sich ein Teil der Intelligenz noch nicht. Nicht selten werden Forderungen nach Geld, Leistung, Konkurrenzfähigkeit oder Kritik und Resignation durch Vergleiche mit den Spitzenuniversitäten der ganz großen Industriestaaten begründet. Dabei wird übersehen, daß – berücksichtigt man die Unterschiede in den Dimensionen – einer amerikanischen Spitzenuniversität zum Beispiel ein einziges, besonders gutes österreichisches Universitätsinstitut entspricht, von denen es doch einige gibt. Andere europäische Länder mit vergleichbarer Größe, aber mit unterschiedlicher Vergangenheit, wie Schweden und die Schweiz, scheinen besser, pragmatischer die Fragen der internationalen wissenschaftlichen Konkurrenz und Beziehungen zu bewältigen.

Es ist noch nicht so lange her, daß die österreichische Wissenschaft in einem hohen Maß international angesehen war, Nobelpreisträger stellte und für ausländische Forscher sehr attraktiv war. Der Zerfall des Großreichs, der Ständestaat und vor allem der Nationalsozialismus bereiteten ein furchtbares Ende. Der Wiederaufbau der Universitäten nach 1945 und die Wiederherstellung einer Forschungskultur, die Anschluß an die internationale Entwicklung finden konnte, waren mühsam und je nach Disziplin unterschiedlich erfolgreich. Die Anstrengungen, die Vertriebenen, von denen viele bedeutende, auch sehr wichtige Wissenschafter geworden waren, zurückzugewinnen, hielten sich in sehr engen Grenzen. Viele Mittelmäßige, auch politisch Belastete hatten das Sagen. Lange Zeit war die Zweite Republik im internationalen Wissenschaftsprozeß recht unbedeutend und hauptsächlich nehmender Teil. Fortgeschrittenes Wissen, Methodenkenntnisse, neue Forschungsansätze mußten durch oft schwierig organisierte Auslandsaufenthalte österreichischer Wissenschafter heimgeholt oder neu angeeignet werden.

Heute ist der Stand der internationalen Ausrichtung in einzelnen Disziplinen beträchtlich. Österreichische Forscher werden zu Gastprofessuren und Kongreßvorträgen eingeladen, und sie wirken an internationalen Forschungsprogrammen mit originellen Beiträgen mit. Die Qualifikation von Absolventen wird auch im Ausland geschätzt. Aber viel Provinz, geistige Provinz, gibt es auch.

Die Internationalität der Universitäten hat mehrere Seiten. Es gibt, wie wir wissen, durchaus glamouröse Formen des Wissenschafts- und Kongreßtourismus, die weniger der fachlichen Qualifikation dienen und Konkurrenz meiden, sondern mehr den Charakter von Sonderurlauben, verbunden mit akademischem Showbusiness, haben. Es gibt auch Formen der akademischen Mobilität, die weniger durch das Bemühen um mehr Qualität und Leistung motiviert sind, sondern der Flucht aus den Aufgaben dienen, die sich aus dem universitären Lehrbetrieb angesichts hoher Studentenzahlen ergeben. Und es gibt gerade jetzt im Zusammenhang mit der Diskussion um einen Beitritt Österreichs zur Europäischen Gemeinschaft unter anderem auch Wunschvorstellungen, die gelegentlich von einer Art Anschlußeuphorie gekennzeichnet sind. Es wird – wir kennen das schon – so getan, als ob die österreichische Wissenschaft ganz und gar nicht lebensfähig wäre.

Es gibt auch sehr bedenkliche, für die Personalstruktur der österreichischen Universitäten schädliche Fluchten ins Ausland. Damit meine ich Braindrain vor allem junger qualifizierter und ambitionierter Wissenschafter, die aufgrund mangelnder Karrierechancen und wegen unzulänglicher Arbeitsmöglichkeiten an österreichischen Universitäten ins Ausland – oft wehmütig – abwandern und kaum wiederkommen.

Die Internationalität der österreichischen Universitäten muß im Zusammenhang mit der wünschenswerten Steigerung der Leistungsfähigkeit der österreichischen Universitäten in ihren Funktionsbereichen Lehre, Forschung, Entwicklung und Beratung gesehen werden. Internationalität hat in der Wissenschaft vor allem eine Innovationsfunktion. Man geht ins Ausland, um Kenntnisse zu erwerben, die an heimischen Institutionen kaum oder nicht vorhanden sind oder nicht vermittelt werden. Dies gilt gleichermaßen für Studenten wie für Hochschullehrer. Auslandsaufenthalte an guten Instituten sowie die aktive Teilnahme an Kongressen ermöglichen eine gültige Einschätzung der eigenen Leistungen, eine Auseinandersetzung mit anderen oder weiter entwickelten Forschungsansätzen und Forschungstraditionen und führen zu einer produktiven Auseinandersetzung verschiedener Wissenschaftskulturen. Die durch Mobilität erworbenen neuen Kenntnisse und Ideen werden im heimischen Umfeld umgesetzt und kommen zu einem Teil auch Kollegen, Lehrern und Studenten, zugute, die nicht im Ausland waren. Ein durch Internationalität geprägtes Klima an den Instituten führt zu besseren Leistungen in der Forschung und in der Lehre. Dafür sind mehr ausländische Studenten, vor allem fortgeschrittene, genau so wichtig wie auslandserfahrene österreichische.

Die Vervielfachung der Mittel in kurzer Frist für die Stärkung der Internationalität ist erforderlich. Die Verwendung und die Effekte sind, vor allem an der Universität selbst, zu evaluieren.

Wir müssen intensiver an der Aufdeckung und an der Behebung der Mobilitätshemmnisse arbeiten. Es mangelt an Sprachkompetenz, am einfachen Zugang zur Information, an Geld, an unbürokratischen Abläufen, an Risikobereitschaft und auch an fachlicher Qualifikation. Stimulierungsprogramme, die den Eintritt in die Internationalität oder deren Intensivierung ermöglichen, müssen verstärkt zusätzlich eingerichtet werden. Mit Kritik und Evaluierung! Nicht jede ausländische Universität ist schon deshalb geeignet, weil sie ausländisch ist. Nicht jede Tagung ist sinnvoll, weil sie im Ausland stattfindet.

Eine wesentlich vermehrte Berufung von ausreichend bezahlten Gastprofessoren aus dem Ausland für eine befristete Zeitspanne (nun bis zu zweimal fünf Jahren möglich) könnte zu einer Verbesserung der Ausbildung und der Forschungstätigkeit des wissenschaftlichen Nachwuchses, zur Entwicklung eines international ausgerichteten sozialen Klimas an den Instituten führen. Gefälligkeitsaustausch zwischen inländischen und ausländischen Instituten nützt wenig. Aber nicht nur die Rekrutierung ausländischer Gastprofessoren verlangt Qualitätsmaßstäbe. Auch bei der Berufung heimischer Professoren und bei Habilitationen soll der Nachweis von erfolgreichen Auslandsaufenthalten beziehungsweise eine Präsenz im internationalen Publikationsfeld viel stärker als bisher berücksichtigt werden.

Die Evaluierung der Forschungsleistungen heimischer Universitätsinstitute durch Visiting Committees, die vor allem aus ausländischen und auslandsösterreichischen Gutachtern zusammengesetzt werden, kann dazu beitragen, Stärken- und Schwächenprofile einer Disziplin zu erheben, systematische Maßnahmen zur Beseitigung der Mängel entwickeln und Schwerpunkte in Forschung und Ausbildung zu bilden, die einen effizienten Einsatz von Mitteln und hohes Niveau von wissenschaftlichem Output sicherstellen. Solche Evaluationsvorhaben müssen unter anderem auch den Internationalisierungsgrad der Leistungen von Instituten oder Arbeitsgruppen umfassen.

Bei der Entwicklung von Schwerpunkten und Internationalität darf aber nicht übersehen werden, daß eine beträchtliche Anzahl von Instituten noch veraltete Ausstattung aufweist und zu wenig Mitarbeiter hat, und daher der Modernisierung bedarf oder mehr und bessere Mitarbeiter braucht, um überhaupt die Chance zur internationalen Zusammenarbeit zu erhalten. Zahler für internationale Projekte zu sein, bei denen wir wenig oder nichts zurückholen können, ist nicht vertretbar.

Österreich hat Maßnahmen zu einer verstärkten Internationalisierung der Studien gesetzt:

– Die Abhaltung fremdsprachiger Lehrveranstaltungen, die Abfassung fremdsprachiger Diplomarbeiten und Dissertationen, die gänzliche oder teilweise Abhaltung eines Hochschullehrganges oder Hochschulkurses in einer lebenden Fremdsprache.

– Die Einrichtung internationaler Studienprogramme, bestehend aus einem in- und einem ausländischen Teil, wobei es möglich ist, mehrere in- und ausländische Universitäten beziehungsweise Fakultäten in ein solches Studienprogramm einzubeziehen.

– Die Einrichtung von Ergänzungsstudien für Absolventen ausländischer Universitäten.

– Pflicht-Englisch-Lehre in einigen Fächern in den Ingenieurstudien.

– Die finanziellen Mittel für Auslandsstipendien und für Wissenschafteraustausch wurden beträchtlich erhöht.

Diese neuen rechtlichen Rahmenbedingungen erleichtern die wechselseitige Mobilität von in- und ausländischen Studenten, sie schaffen die Voraussetzungen für gemeinsame Studienprogramme in- und ausländischer Universitäten, sie erhöhen die sprachliche Pluralität, die international ausgerichtete Offenheit an den heimischen Universitäten, aber sie legen den heimischen Hochschulen auch die Verpflichtung zum Aufbau qualitativ hochwertiger, international ausgerichteter Studienprogramme auf. Dies ist nicht nur Sache des Geldes.

Aufgabe einer Internationalisierungspolitik für die österreichische Wissenschaft es muß sein, die Qualität der heimischen Forschung und Lehre durch vermehrte Teilnahme an internationalen Bildungs- und Forschungsprogrammen zu steigern. Die Teilnahme an den wissenschaftlichen Stimulierungs- und Austauschprogrammen der Europäischen Gemeinschaft muß mit aller Kraft angestrebt werden, so weit wie möglich auch unabhängig von dem gesamtstaatlichen Annäherungsprozeß. Die Teilnahme an den EG-Programmen muß zusätzlich finanziert und organisiert werden. Die bestehenden funktionierenden Beziehungen dürfen nicht veröden.

Es wäre aber kurzsichtig, die internationalen Beziehungen österreichischer Universitäten auf die EG allein zu konzentrieren. Vielmehr müssen die Vorteile, die sich aus der geopolitischen und historisch bedingten Lage Österreichs ergeben, gezielt genutzt werden. Die guten Beziehungen zu Universitäten in den osteuropäischen Staaten dürfen nicht vernachlässigt, sie sollen weiterentwickelt werden. Ebenso dürfen wir die Beziehungen zu den Vereinigten Staaten, Skandinavien, Japan nicht auf dem gegenwärtigen Stand einfrieren. Wissenschaft ist eine internationale Sache.

Universitätsausbildung als Innovationshemmnis

gemeinsam mit Walter Steinbacher

Wissenschaftliche Rationalität und praktische Vernunft

Ein wesentliches Element des Selbstverständnisses der Gegenwart ist das Bewußtsein von einer sich ständig wandelnden Welt und von der Notwendigkeit und Unvermeidbarkeit dieses Prozesses. Über lange Perioden der menschlichen Geschichte gingen Veränderungen so langsam vor sich, daß sie für den einzelnen als solche nicht erfaßbar waren. Geschichtsbewußtsein im Sinn von Fortschritt ist eine Errungenschaft der Neuzeit, ebenso wie die Vorstellung der Machbarkeit des Fortschritts. Wissenschaft und Technik nehmen in diesem Veränderungsprozeß eine hervorragende Rolle ein. Tatsächlich hat die neuzeitliche Naturwissenschaft, deren soziale Organisation und Methode so etwas wie ein System der Erfindung von Erfindungen darstellt,[3] wesentlich zu dieser Entwicklung beigetragen. Wissenschaft gilt als Produktivkraft oder zumindest als Produktivpotenz.[4] Wissenschaft und Technik sind daher mit der Erwartung konfrontiert, zur Lösung gegenwärtiger und künftiger Probleme entscheidend beizutragen.

Die Freisetzung von Arbeitskräften durch immer intelligentere Produktionsverfahren hat die Unabhängigkeit der Unternehmen von der Arbeitskraft vergrößert. Mit der vollautomatisierten Fabrik wird die Abhängigkeit von traditioneller Arbeit fast völlig aufgehoben, gleichzeitig wirken aber neue Abhängigkeiten, solange der sich selbst reproduzierende und verbessernde Roboter nicht erfunden ist: Die Abhängigkeit vom wissenschaftlich-technischen Fortschritt und von denen, die ihn produzieren, verwalten oder einzubremsen vermögen. Durch den Konkurrenzmechanismus vermittelt, hat diese Entwicklung eine Eigendynamik angenommen. Innovation wird zu einer Überlebensbedingung für einzelne Unternehmen ebenso wie für die Volkswirtschaft insgesamt. Wirtschaft und Gesellschaft stehen daher in gewisser Weise unter einem Innovationszwang. Jene Unternehmen, die sich das Know-how mit Hilfe eigener F- und E-Abteilungen selbst organisieren, versuchen damit, Wissenschaft und Technik in ihrer Verfügbarkeit zu halten. Sie sind auf ein Angebot von fähigen, hochqualifizierten, wissenschaftlich ausgebildeten Arbeitskräften angewiesen, wofür die Bildungsökonomie den Begriff Humankapital geprägt hat, einen Begriff, der den neuen Stellenwert der Intelligenz wohl treffend charakterisiert.

Die Industriegesellschaften haben daher wie keine Gesellschaft zuvor eine große Zahl ihrer Mitglieder vom Zwang herkömmlicher Arbeit freigestellt, damit diese neues Wissen und neue Problemlösungen erarbeiten können. Der technische Fortschritt stellt sich in diesem Zusammenhang als Problem seiner Beschleunigung dar. Andererseits werden zunehmend die Folgewirkungen problematisch und problematisiert. Egal von welcher Problemsicht man ausgeht, die Frage nach der Steuerbarkeit und der faktischen Steuerung der technisch-wissenschaftlichen Entwicklung rückt ins Blickfeld.

Man kann diese Probleme als Anzeichen für eine Krise von Wissenschaft und Technik sehen, die mit

Hilfe theoretischer und wissenschaftlicher Reflexion selbst in den Griff zu bekommen wären. Tatsächlich gibt es Versuche zu einer „Wissenschaftswissenschaft", die die sich aufdrängenden Fragen einer Lösung zuzuführen beabsichtigt. Die Wissenschaftsabhängigkeit des technischen Fortschritts bedeutet aber nicht, daß dieser selbst allein wissenschaftsimmanent gedeutet werden könnte. Die von Wissenschaftsgeschichte, Wissenschaftssoziologie und Technikgeschichte vorgelegten Befunde, so vorläufig sie sind, zeigen, daß die technisch-naturwissenschaftliche Entwicklung aus sich selbst allein nicht begründbar, begreifbar und allein nach den Kriterien technischer Rationalität auch nicht steuerbar ist. Der Fortschritt ist keine Angelegenheit, für die ausschließlich der Wissenschafter und Techniker zuständig und verantwortlich ist. Diese sehr allgemein gehaltene Behauptung ist nicht zuletzt deswegen so unpräzise, weil das Verhältnis von technisch-naturwissenschaftlicher und gesellschaftlicher Entwicklung nicht so klar ist, wie es zunächst den Anschein hat. Denn bislang gibt es keine differenziertere Einschätzung der Wechselwirkungen zwischen technischer, wissenschaftlicher und gesellschaftlicher Entwicklung.

Eine der Ursachen für die mangelnde geistige Bewältigung dieses Sachverhalts mag in der spezifischen Existenz der Intelligenz selbst begründet sein. Die Intelligenz müßte sich selbst in kritischer Distanz gegenübertreten, um die eigene Rolle zu reflektieren, denn sie hat gleichzeitig das Monopol auf Reflexionsleistungen. Die Identität von Beobachtungsgegenstand und Beobachter ist in diesem Fall ein entscheidendes Hindernis, das nur überwindbar wäre, wenn die Intelligenz die Bedingungen ihrer Selbsterkenntnis mitreflektierte. Die Relativierung des eigenen Standpunktes, die Unbefangenheit in eigener Sache würde die Überwindung eines egozentrischen Beobachtungsstandpunktes bedeuten.

Gerade diese innovative Leistung müßte die Grenzen technischer und wissenschaftlicher Rationalität überschreiten – in einem Terraingewinn praktischer Vernunft.[5] Der Kern des Problems besteht weniger in einem Mangel an wissenschaftlichem Wissen, sondern in einem an praktischer Vernunft: Traditionell Klugheit oder Weisheit genannt. Angesichts der ausgeprägten Trennung von Schule und Leben, die unser Bildungssystem kennzeichnet, dürften in diesem Fall die Erwartungen an die problemlösende Kraft von Bildung und Ausbildung nicht überzogen werden.

Praxisbezug und innovative Wirksamkeit der Universität

Wissenschaftssoziologie und Wissenschaftstheorie beschäftigen sich zunehmend mit historischen Fragestellungen. Wie immer, wenn man in einer Sache nicht recht weiter weiß, taucht die Frage nach den Ursprüngen auf.

Die heute sehr geläufige und sicher auch richtige Vorstellung, daß ein entsprechendes Angebot an Arbeitskräften, die an den Universitäten ausgebildet werden, eine Grundvoraussetzung von Innovation ist, läßt leicht vergessen, daß die Universität noch nicht allzu lange eine Rolle im Prozeß des technischen Fortschrittes spielt. Ausreichend untersucht ist diese Thematik bei weitem nicht. Selbst zum Verhältnis von Naturwissenschaften und technischer Entwicklung liegen – vor allem für die jüngere Vergangenheit – zu wenige Untersuchungen vor.[6] Die Wissenschaftsgeschichte zeigt, daß die Entstehung der modernen Naturwissenschaften außerhalb der Universität und zum Teil in einer Ablehnung des etablierten universitären Gelehrtentums erfolgte. Eine massive Umbewertung der Wissensbestände, die Aufwertung handwerklichen und technischen Wissens sowie der praktischen Erfahrung konnte beziehungsweise wollte von der Universität nicht mitvollzogen werden.[7] Die Integration von Kunst, fortgeschrittenem Handwerk und theoretisch orientierter Intelligenz war aber konstitutiv für die Entstehung der modernen Naturwissenschaften.[8] Da also weder die Voraussetzungen für die Entstehung der modernen Naturwissenschaften noch die Bedingungen ihrer Entwicklung auf den klassischen Universitäten gegeben waren, erfolgte deren Institutionalisierung außerhalb der Universitäten.[9]

Wann und in welchem Ausmaß die Naturwissenschaften innovationsrelevant geworden sind, ist ein Streitpunkt der Technikhistoriker.[10] Als ziemlich sicher gilt, daß das 19. Jahrhundert die endgültige Integration von Technik und Naturwissenschaft geleistet hat[11] und daß zumindest die Frühphase der industriellen Revolution vorwiegend durch produktionsinterne und wissenschaftsunabhängige Innovation gekennzeichnet war. Die neuen Anforderungen an Wissenschaft und Unterricht, die sich aus der Verwissenschaftlichung der Technik ergaben, wurden nicht von den Universitäten erfüllt. Das große Interesse an einer Ingenieurausbildung führte zunächst zur Gründung von Ingenieurschulen, der polytechnischen Institute am Anfang des 19. Jahrhunderts und in der zweiten Hälfte des 19. Jahrhunderts zu deren Aufwertung zu Hochschulen.[12] Daß dies gegen eine zum Teil heftige Ablehnung der Universität erfolgte, ist bekannt.[13] „Die Verwissenschaftlichung der Technik wäre ohne Stätten theoretischer Forschung und Lehre nicht möglich gewesen. Dementsprechend ist auch das Entstehen der Ingenieurwissenschaften eng mit der Gründung technischer Unterrichtsanstalten verknüpft."[14] Erst im 19. Jahrhundert wird also die Universitätsausbildung zu einem Faktor der technischen Entwicklung. Der Diplomingenieur wird zur innovativen Berufsrolle schlechthin, der die Vermittlung zwischen Wissenschaft und Praxis übernimmt, während sich die Rolle des traditionellen Gelehrten zu der des „Forschers" im modernen Sinn wandelt. So wird die Universität zur Ausbildungsstätte der wissenschaftlich-technischen Intelligenz. Die von der Universität erbrachte Ausbildungsleistung wird zu einer wichtigen Voraussetzung des wissenschaftlich-technischen Fortschrittes.

Die historische Entwicklung zeigt uns zweierlei: Die Universitäten hatten kein so geradliniges Verhältnis zum Fortschritt, wie es das heutige Verständnis den Universitäten nahelegt. Es bedurfte massiver Interventionen von außen, um sie in den Prozeß des wissenschaftlich-technischen Fortschrittes einzubeziehen. Eine innovative Wirksamkeit universitärer Ausbildung wurde erst mit der Herstellung des Praxisbezuges von Lehre und Wissenschaftsbetrieb möglich. Die Universität hat allerdings bereits vor dem 19. Jahrhundert Lehraufgaben übernommen und erfüllt sie heute noch, Lehraufgaben, die nicht oder nur begrenzt auf die Vorbereitung innovativer Berufsrollen ausgerichtet sind. Dieser Hinweis ist wichtig. Die Auffassung ist nämlich weit verbreitet, die Akademiker mit Innovatoren gleichsetzt, obwohl sie keine Begründung in der Realität hat, weder in der konkreten Arbeitsleistung von Akademikern noch im Selbstverständnis der Mehrheit der Akademiker. Viele Akademiker sind ein ganzes Berufsleben lang mit mehr oder weniger anspruchsvollen Routineaufgaben beschäftigt.

Eine der ältesten Aufgaben der Universität ist die Ausbildung von Verwaltungsfachleuten (früher nur Juristen, heute auch Sozial- und Wirtschaftswissenschafter), ebenso wie die Ausbildung für die klassischen akademischen Professionen (Medizin, Erziehung, Seelsorge). Jeder dieser Aufgabenbereiche verlangt unter bestimmten Umständen auch innovative Lösungen. Es wäre aber falsch anzunehmen, daß eine Beschäftigung in diesen Bereichen durchgehend innovativ wäre oder innovativ sein sollte. Ob die Tätigkeit eines Akademikers innovativ wird, ist in vielen Berufen durch die Entwicklungen des konkreten Arbeitsbereiches bestimmt.

Universitätsausbildung als Infrastrukturleistung für Innovation

Die Erkenntis, daß qualifizierte Arbeitskräfte entscheidende Voraussetzungen der wirtschaftlichen Entwicklung sind, hat dazu geführt, daß sich in den letzten zwei Jahrzehnten mit der Erweiterung und Verbesserung der Universitätsausbildung entsprechende Erwartungen verbinden. Der sogenannte „Sputnik-Schock" wird heute als wesentlicher Auslöser einer Neuorientierung der Bildungspolitik in den westlichen Industriestaaten angesehen. Die neue Bildungspolitik war von der Befürchtung getragen, die westlichen Länder könnten ohne erhebliche Investition für die Schaffung von Humankapital und in die Produktion von Know-how wirtschaftlich und politisch zurückfallen. Es ergab sich ein günstiges Klima für bildungspolitische Maßnahmen und Aktivitäten. Wichtigstes Ziel aller Bemühungen waren eine quantitative Ausweitung und eine qualitative Verbesserung des Outputs an hochqualifizierten Arbeitskräften. Für ein Land wie Österreich stand vor allem die Frage der wirtschaftlichen Konkurrenzfähigkeit im Vordergrund, als deren Voraussetzung erhöhte Bildungsinvestitionen unabdingbar erschienen. So wird im OECD-Bericht 1965 festgestellt: „... das Bildungswesen ist zu einem wichtigen Faktor der Wirtschaftsentwicklung geworden, dem ebenso reale Bedeutung zukommt wie dem materiellen Kapital und den Produktionsmitteln."[15] Der damalige Unterrichtsminister Piffl-Percevic stellte bei der 5. Konferenz der europäischen Unterrichtsminister in Wien im Jahre 1965 fest: „Im zunehmenden Maß muß die Schule zum entscheidenden Faktor auch den wirtschaftlichen Fortschritt werden, für einen Fortschritt, der eine Ausweitung der Allgemeinbildung auf alle befähigten Menschen erfordert."[16]

Diese Überlegungen waren die entscheidende Begründung für den Ausbau der weiterführenden Schulen, der vor allem in den siebziger Jahren geleistet wurde, und dessen Folgen: Schul- und Hochschulexpansion. Im Bereich der Universitäten gibt es die Auswirkungen in ihrer vollen Breite erst in den achtziger Jahren. Österreich hat 1990 etwa die Qualifikationsstruktur der Bundesrepublik Deutschland von 1970 erreicht – also mit einer zwanzigjährigen zeitlichen Verzögerung.

Mit der Ausweitung und mit der inhaltlichen Reform der Universitätsausbildung waren entsprechende Innovationserwartungen verknüpft, wenngleich durch das Wirksamwerden der quantitativen Strategie qualitative Überlegungen in den Vordergrund treten.

Gerade die Selbstverständlichkeit, mit der Innovationserwartungen an die Universitäten herangetragen wurden und werden, macht es erforderlich, den Stellenwert der Hochschulausbildung für Innovationen in der Wirtschaft genauer zu untersuchen. Innovation wird als ein Prozeß verstanden, bei dem neue Produkte oder Verfahren in ein bestehendes ökonomisches System eingeführt werden. Technisches Niveau, Erfindungen, qualifiziertes Personal haben den Charakter von Innovationsvoraussetzungen. Die Bestimmungsfaktoren des technischen Wandels beziehungsweise die Voraussetzungen von Innovationen sind vielfältig. So werden unter anderem genannt: Wissensstand, ausgebildete Arbeitskräfte, Nachfrage und Bedarf an Innovationen, Bereitschaft, in Erfindungen zu investieren et cetera. Es scheint nicht zufällig zu sein, daß nach der ersten Phase eines Versuchs der Forcierung des wissenschaftlich-technischen Fortschritts durch den Ausbau der Wissenschaftsförderung und durch die Vermehrung des Outputs an Wissenschaftern, Technikern und anderen hochqualifizierten Arbeitskräften mit der Innovationsthematik die Verwertung von Wissenschaft und wissenschaftlichen Qualifikationen Anfang der achtziger Jahre in den Brennpunkt des Interesses gerückt sind.

Die Qualifikationsleistung der Universität erhält den Charakter einer unbedingt erforderlichen Infrastrukturleistung für Innovation. Entscheidend in diesem Zusammenhang ist, daß die Universitätsausbildung nur dann innovativ wirksam werden kann, wenn die entsprechenden Verwertungsbedingungen gegeben sind. Ob Hochschulabsolventen in der Industrie innovativ tätig sind oder nicht, ist nicht nur von der Universitätsausbildung bestimmt, sondern vor allem durch die Innovationsbereitschaft und Innovationsfähigkeit der Unternehmen.

Zu diesem Problembereich gehört, daß immer wieder die Vorstellung geäußert wird, die Hauptfunktion der Universitäten sei die Ausbildung von Führungskräften beziehungsweise die Vorstellung, Akademiker sollten nur in Führungspositionen beschäftigt werden.

Wenn nun die Universität weniger den Bedarf der Unternehmen an inhaltlicher Qualifikation zu befriedigen hätte als den Bedarf an innerbetrieblicher Hierarchisierung, so ergäben sich für die Universitäten erhebliche Konsequenzen. So würden zum Beispiel die Technischen Universitäten ihre Aufgabe neu definieren müssen. Des weiteren müßte die als Folge der Hochschulexpansion sich ergebende Akademisierung von Berufsfeldern skeptisch beurteilt werden, wenn sie lediglich dem Ausbau der Hierarchien der Industrieverwaltungen dienen sollte. Diese könnte kontrainnovative Effekte zur Folge haben.

Das Problem der Beschäftigung der zusätzlichen Akademiker scheint unter dem Gesichtspunkt der Innovationsproblematik weniger darin zu bestehen, daß diese bestimmten Statusvorstellungen entsprechend beschäftigt werden, sondern darin, daß Tätigkeit und Ausbildung inhaltlich zusammenhängen. So könnte „Überqualifikation", die zu einer „Verwissenschaftlichung" von Tätigkeitsbereichen führt, innovativ wirksam werden.

Das waren nur einige Hinweise darauf, daß die Universitätsausbildung, damit sie innovativ wirksam wird, auch ihre Verwertungsbedingungen berücksichtigen muß. Aus sich heraus und für sich allein ist die Universität nicht innovativ.

Verselbständigung und Praxisverlust als Innovationshemmnis

Die Wissenschaftsabhängigkeit von Innovationen verleitet dazu, das komplizierte Wechselspiel von wissenschaftlicher, technischer, wirtschaftlicher und gesellschaftlicher Entwicklung zugunsten eines Faktors zu vernachlässigen: der Wissenschaft.

Wissenschafter und die Vertreter der Intelligenz tendieren verständlicherweise dazu, von einem Primat der Wissenschaft (beziehungsweise der „Intelligenz") auszugehen und die Wissenschaft als Motor der technischen und wirtschaftlichen Entwicklung zu begreifen. So nützlich diese Vorstellung für die Sicherung und Aufrechterhaltung der Leistungsbereitschaft der wissenschaftlich-technischen Intelligenz sein kann, so verhängnisvoll wäre es, ließe sich die Praxis der Innovationsförderung von dieser Vorstellung allzu sehr beeinflussen. Die Verkürzung von Innovationen auf die Produktion neuen Wissens oder neuer technischer Lösungen übersieht die Probleme der Einführung und Diffusion einer technischen Neuerung. Die Probleme der Umsetzung neuer Ergebnisse in die Praxis können überhaupt nicht ins Blickfeld treten, wenn man dem jeweils Neuen die nötige Durchsetzungskraft automatisch zuschreibt.

Die Durchsetzung des Primates der Wissenschaften im Rahmen des Innovationsprozesses würde auch bedeuten, daß nur mehr wissenschaftliche Erkenntnis, wissenschaftlich Begründetes und als wissenschaftlich in irgendeiner Form Ausgewiesenes als innovationsrelevant angesehen wird. Vermutlich sind auch heute nicht alle Innovationen wissenschaftsabhängig und nichtwissenschaftliche Erfahrung weiter eine wichtige Quelle von Innovation. Dies gilt besonders, wenn man die Gesamtheit des Innovationsprozesses im Auge hat, zu der Wissenschaft und wissenschaftliche Qualifikation nur einen Teil beitragen und für den außerwissenschaftliche Erfahrungen und Haltungen zumindest ebenso bedeutsam sind.

Die Universitäten laufen Gefahr, die konkreten Verwertungsbedingungen der universitären Ausbildung aus dem Auge zu verlieren und sich damit der Aufgabe zu entledigen, ständig ihre eigene Praxisrelevanz zu überprüfen. Diese Gefahr ist an den Universitäten besonders groß, weil die der universitären Forschung zugestandene Autonomie dazu verleitet, die Konzeption der Grundlagenforschung auf die Universitätsausbildung zu übertragen. Die Gesellschaft gesteht der Universitätswissenschaft zu, mehr oder weniger zweckfrei neue Erkenntnisse zu sammeln, in der Erwartung, daß diese – irgendwie – in Zukunft von Nutzen sein werden. Die Universitätsausbildung darf aber nicht von diesem Prinzip ausgehend gestaltet werden. Ihr kann kein selbstzweckhafter Charakter zugeschrieben werden. Nicht jedes wissenschaftliche Wissen ist als relevant und nützlich für Berufsvorbildung anzusehen. Ein in der Hochschulausbildung praktizierter Vorrang der Wissenschaft enthält die Gefahr von selbstzweckhafter Lehre, die sich in Organisation und Inhalt mehr an innerorganisatorischen Zielen der Universität orientiert als an der Aufgabe der Berufsvorbildung.

So kann gerade die Gleichstellung von wissenschaftlich und innovativ zu einer Bedingung einer eingeschränkten innovativen Wirksamkeit der Universitätsausbildung werden. Das mag an einem Beispiel verdeutlich werden: Die Mehrheit der Studenten ist der Meinung, daß das für Prüfungen erforderliche Wissen nur entfernt mit berufsrelevantem Wissen zu tun hat. Der Versuch einer Umgehung dieses Problems mit der Durchsetzung des Arbeitsethos der Grundlagenforschung, das Wissen selbstzweckhaft sieht, schafft eine Haltung der Studenten und Absolventen, die sich an praktischen Problemen nur sekundär interessiert zeigt. Eine praxisfremde oder praxisfeindliche Haltung wird damit zu einem Dauerproblem.

Nun ist gerade die Ausbildung ein wichtiger Bereich der Kommunikation der Universität mit der Praxis. Eine Verselbständigung und Ghettoisierung der Ausbildung würde die Universität selbst bezahlen müssen, einerseits mit dem Abbau der Umweltbezüge und andererseits mit dem Verlust ihrer Selbsterneuerungskraft. Und damit sind zwei Schwachstellen der Universität angesprochen. Die Universitäten haben nämlich sich selbst gegenüber durchaus keine innovative Haltung; sie sind, was sie selbst betrifft, konservativ. Eine wesentliche Aufgabe der Universität ist die Bewahrung und Tradierung der Wissenschaft in ihren Wissensbeständen als soziale Organisation und Methode. Dies führt immer wieder zu Spannungen. So gibt es Spannungen zwischen dem reproduktiven und produktiven Aspekt universitärer Wissenschaft auch im Hinblick auf die Wissenschaftsentwicklung. Es gibt viele Beispiele, daß die Universitäten den etablierten wissenschaftlichen Anschauungen und Denkweisen den Vorzug geben und Weiterentwicklungen nur widerstrebend und mit zeitlicher Verzögerung zur Kenntnis nehmen, was sich nachteilig auf die Ausbildung auswirken kann. Dazu kommen noch jene Probleme, die sich aus der Funktion der Universität in der sozialen Reproduktion der wissenschaftlichen und technischen Intelligenz ergeben. Jede Öffnung der Universität und Ausweitung des Zugangs zur Universität – dafür bietet nicht nur die Gegenwart ein Beispiel – war nur gegen den Widerstand und die zum Teil erbitterte Ablehnung der Universität möglich.

Die Universität läuft Gefahr, Praxisverlust in dem Sinn zu erleiden, daß sie nicht mehr in der Lage ist, die Kommunikation mit der Umwelt erfolgreich zu führen, und indem sie einem Verselbständigungsprozeß unterliegt. Es ist beunruhigend zu beobachten, wie die Universität sich in wichtigen Bereichen (Hochschulausbau, Studienreform) häufig vorwiegend an inneruniversitären Zielen orientiert und Unfähigkeit zeigt, außerhalb der Universität formulierte Leistungszumutungen zu rezipieren und entsprechend umzusetzen.

Die bisherigen Erfahrungen im Rahmen der Studienreform haben gezeigt, daß inneruniversitäre Interessen und Strukturen ein wesentliches Hindernis für eine Neugestaltung der Studien sind. Einige Beispiele:

– Interdisziplinäre Gestaltung der Ausbildung ist nicht möglich, weil die Hochschullehrer nicht zusammenarbeiten.
– Ausbildungsinhalte orientieren sich weniger an Berufsanforderungen als an den Fachinteressen der Hochschullehrer.
– Spezialisierungen von Ausbildungsgängen erfolgen weniger berufsorientiert als fachorientiert.
– Neue Studienrichtungen werden nicht beantragt, weil beispielsweise ein Bedarf an Absolventen besteht, sondern weil eine Fakultät expandieren will oder ein Institut Dissertanten benötigt.

Solche Verselbständigungsprozesse führen dazu, daß Studienorganisation und Studieninhalte mehr durch inneruniversitäre Interessen und Strukturen bestimmt werden als durch den Qualifikationsbedarf. Die eigentliche Aufgabe, Lehre und Lernen, gerät selbstzweckhaft. Es wird zwar gelehrt und gelernt, aber Lehren und Lernen werden ziellos.

Etwas dramatisch formuliert, wie es für die prophetische Haltung des Club of Rome üblich war, wird zum Thema Zukunft und Lernen festgestellt: „Universitäten, die höchsten Ausformungen der offiziellen Lernsysteme, sollten eigentlich die Kampagne zur Überwindung des menschlichen Dilemmas leiten; statt dessen halten sich die vierzig Millionen Studenten an den rund fünftausend Universitäten zurück oder werden zurückgehalten, wenn es gilt, die führende Rolle, für die sie eigentlich prädestiniert wären, zu übernehmen. Probleme wie die selektive Partizipation, die Gefahr einer übergroßen Spezialisierung, der Chauvinismus der akademischen Disziplinen, die geringe Beachtung essentieller Belange, die Zitadellen-Mentalität vieler Administratoren und die Orientierung am eigennützigen gesellschaftlichen Fortschritt mindern die Bedeutung einer der wichtigsten Lernquellen der Menschheit."[17]

Verselbständigung bewirkt Praxisverlust, der schließlich ein entscheidender Faktor wird, der innovatives Lernen und innovative Praxis behindern kann. Die staatliche Hochschulplanung wäre überfordert, und es wäre auch eine Anmaßung, wollte sie angeben, was Praxisbezug in einer konkreten Studienrichtung jeweils bedeutet. Tatsache ist: Vielfach wird kritisiert, daß Hochschulabsolventen die Fähigkeit zum Umgang mit praktischen Problemen fehlt, nicht Fachwissen.

Praxisbezug als organisierte Kommunikation

Der Mangel an Selbsterneuerungsfähigkeit der Universität und die geringe Offenheit gegenüber Änderungen haben immer wieder zu Eingriffen von außen geführt. So läßt sich die Universitätsgeschichte mit den Kategorien der Selbst- und Fremdbestimmung beschreiben.

Angesichts der Erwartungen der Gesellschaft an die Universität erhebt sich die Frage, welcher Weg nun eingeschlagen werden soll. Von den Universitäten allein Innovationen zu erwarten, wie ihr Praxisbezug verstärkt beziehungsweise wiederhergestellt werden kann, hieße, sie überfordern. Erst ein Zusammenwirken außeruniversitärer Interessen und der Universität kann sie in die Lage versetzen, die ihr gestellten Aufgaben zeitgemäß zu erfüllen.

Nach der weitgehenden Neugestaltung der Universitätsstruktur im 19. Jahrhundert hat sich diese beinahe unverändert bis in die unmittelbare Vergangenheit erhalten; der Wiederaufbau der Universitäten in der Nachkriegszeit hatte einen restaurativen Charakter. Mit etwas Verspätung im Vergleich zu anderen Industriestaaten setzte die Reformdiskussion in den sechziger Jahren auch in Österreich voll ein und führte zu einem Reformschub, der die Universitäten in allen Bereichen modernisieren sollte. Hochschulreform und Hochschulexpansion entsprangen aus der gleichen Problemlage. Nicht nur mehr, sondern auch besser ausgebildete Akademiker waren und sind das Ziel dieser Politik. Die Instrumente sind Studienreform und Organisationsreform. Aus dem Bündel von Maßnahmen sind nur die Demokratisierung der Universitäten und die quantitative Expansion der Universität stärker ins Bewußtsein der Öffentlichkeit gedrungen, während Studienreform und Organisationsreform, die über die Einführung der Mitbestimmung hinausging, weniger diskutiert wurden.

Die 1966 einsetzende Studienreform hat Berufsorientierung und Praxisbezug vom einzelnen Studium her gesehen. Inhalt und Gestaltung der einzelnen Studien rückten ins Zentrum der Interventionen und Reformbestrebungen. Das Ergebnis ist ein sehr umfangreiches und kompliziertes System von Studienvorschriften, mit dem Studienorganisation und Studieninhalte sehr detailliert geregelt werden. Politik und Verwaltung nehmen in der Kommunikation von Universität und Praxis eine Vermittlungsfunktion wahr, indem sie die aus der Praxis kommenden Anforderungen in Form von Studienvorschriften verarbeitet an die Universität weitergeben. Inzwischen sind gravierende Nachteile dieses Systems offen zutage getreten, von denen nur einige angeführt werden sollen:

– Eine Chance auf Durchsetzung haben nur jene Reformanliegen, die ohne größere Schwierigkeiten in Gesetze, Verordnungen umsetzbar sind.

– Das System fördert die Tendenz zu einer umfassenden Verrechtlichung.

– Es ist sehr unflexibel.

– Die Verwaltung ist von der quantitativen und qualitativen Seite her überfordert.

– Der Kommunikationsprozeß (Unternehmer, Arbeitnehmer → Interessenvertretung → Politik und Verwaltung → Universität) ist zeitaufwendig und enthält vermutlich zu viele Filter.

Hier liegen wahrscheinlich die Gründe dafür, daß die Studienreform bisher in vielen Punkten formal geblieben ist und zu keiner „inneren Reform" der Hochschulstudien geführt hat. Ein neues Verständnis von Praxisbezug ist zu entwickeln, das über dasjenige, das jedes einzelne Studium einzeln sieht, hinausgeht und das den Praxisbezug als Problem der Kommunikation zwischen Universität und Praxis definiert. Ansatzpunkt staatlicher Hochschulplanung und Studienreform ist dann die Gesamtheit der Studien- und Universitätsorganisation mit der Frage, ob sie diese Kommunikation fördert oder behindert. Die Herstellung von Praxisbezug bedeutet so ein Problem der Organisation der Kommunikation zwischen Universität und Praxis, ihrer Förderung, Absicherung und Verbesserung, ohne daß man sich im Detail auf den Inhalt dieses Kommunikationsprozesses einläßt. Eine solche Vorgehensweise hätte überdies den Vorteil, daß die Phase staatlicher Interventionen zeitlich begrenzbar bliebe und Studienreform nicht ein staatliches Dauerunternehmen ist. Die Kommunikation zwischen Universität und Praxis ist institutionell so abzusichern, daß man Verselbständigungstendenzen im Bereich der Universitätsausbildung wirksam entgegensteuern kann.

Maßnahmen für ein solch neues Verständnis von Praxisbezug würden sich nicht nur auf die Studiengestaltung beziehen. Einige Möglichkeiten seien angedeutet:

– Erweiterung der Studienkommissionen um außeruniversitäre Vertreter,
– eine teilweise Entprofessionalisierung des Berufs des Hochschullehrers, kurzfristig durch Einsatz von mehr „Praktikern" in der Lehre auch in zentralen Fächern,
– die Ausweitung des Zugangs für Studierende, die bereits Berufs- und Arbeitserfahrung haben,
– die Wahrnehmung der Aufgabe der Fort- und Weiterbildung, die den Universitäten die Berufswelt näherbringen würde,
– Versuche mit einem dualen System der Berufsausbildung im tertiären Bereich.

Die Universität soll befähigt werden, ihre Ausbildungsfunktion innovationswirksam wahrzunehmen.

Humboldts Erblast: Mythos und Herausforderung

gemeinsam mit Lutz Musner

Wilhelm von Humboldts Universitätskonzept zählt zu den prominenten Traditionsbeständen des deutschsprachigen Universitätswesens. Sein Name steht für wesentliche und nachhaltig wirkende Universitätsreformen im 19. Jahrhundert, er dient aber auch als Ausgangspunkt für aktuelle hochschulpolitische Überlegungen. Was an Humboldts Erbe wirkt als Mythos beziehungsweise als strukturbildende Tradition in unserem Hochschulsystem nach, und was kann als Ausgangspunkt zu neuen Ansätzen und Reformen in der Hochschulpolitik heute dienen?

Humboldt konzipierte die Universität als Ort einer totalitätsstiftenden Kraft der Wissenschaften unter der Führung der Philosophie, als Ort der Reflexion der Kultur im Ganzen, als Ort einer Einheit von Wissenschaft und Moral, von Wissenschaft und Aufklärung sowie einer Einheit von Wissenschaft und individueller Persönlichkeitsbildung.

Jürgen Habermas hat diesen für heutige Verhältnisse schwer nachvollziehbaren, utopisch erscheinenden Anspruch an die Universität wie folgt charakterisiert: „Überschwenglich war die Idee der Einheit von Wissenschaft und Aufklärung, soweit sie die Autonomie der Wissenschaften mit der Erwartung befrachtete, daß die Universität innerhalb ihrer Mauern wie in einem Mikrokosmos eine Gesellschaft von Freien und Gleichen antizipieren könne. Die philosophische Wissenschaft schien derart die allgemeinen Kompetenzen der Gattung in sich zusammenzufassen, daß die höheren wissenschaftlichen Anstalten für Humboldt nicht nur als Spitze des gesamten Bildungssystems galten, sondern als Gipfel der moralischen Kultur der Nation.[18]

Die von Humboldt geforderte Einheit von Forschung und Lehre war als Mittel zur Durchsetzung dieser Universitätsidee gedacht. Humboldt setzte sich damit deutlich zum Beispiel vom Gedanken der französischen Spätaufklärung ab, für die universitäre Ausbildung als Berufsvorbereitung galt, die sich an den praktischen Zielen des Staates zu orientieren habe. In Frankreich wurden deshalb zu Ende des 18. Jahrhunderts Berufsbildungsanstalten gegründet, wie zum Beispiel die Ecole Polytechnique für den Ingenieurnachwuchs und die Ecoles de Droit für den Juristennachwuchs. Humboldt dagegen wollte die Universitäten zu einem Ort einer umfassenden Bildung, eines persönlichkeitsbildenden Wissenserwerbs und einer wissensvermehrenden Einrichtung machen.

„Wenn man die Universität nur den Unterricht unter Vorbereitung der Wissenschaft, die Akademie aber ihrer Erweiterung bestimmt erklärt, so tut man der ersteren offenbar unrecht. Die Wissenschaften sind gewiß ebensosehr und in Deutschland mehr durch die Universitätslehrer, als durch die Akademiker erweitert worden, und diese Männer sind gerade durch ihr Lehramt zu diesen Fortschritten in ihren Fächern gekommen. . . . Der Gang der Wissenschaft ist offenbar an einer Universität, wo sie immerfort in einer großen Menge und zwar kräftiger, rüstiger und jugendlicher Köpfe herumgewälzt wird, rascher und lebendiger.“[19]

Bei der Gründung der Berliner Universität faßte Humboldt deshalb die vorhandenen Fachschulen mit der Akademie der Wissenschaften zusammen, nicht nur, um die anvisierte Einheit von Forschung und Lehre zu realisieren, sondern auch um einen Wettbewerb zwischen Fachschulen und Akademie zu initiieren.

Für die Entwicklung von Forschung und Lehre an der neuen Universität sollte ein staatlich garantierter Autonomiebereich sorgen, der der Entwicklung der Wissenschaften möglichst großen Freiraum ermöglichen sollte. So sehr Humboldt in Fragen der inhaltlichen Entwicklung der Fächer an die Selbstregulations- und Erneuerungsfähigkeit der Universitäten glaubte, so mißtrauisch war Humboldt im Hinblick auf die personelle Selbstergänzungsfähigkeit der Universität. Seiner Meinung nach hatte der Staat in Bezug auf die Universität zwei Hauptgeschäfte zu besorgen: Die notwendigen budgetären Mittel zur Verfügung zu stellen und die fähigsten Köpfe auf Professorenstellen zu berufen. Der Universität selbst sprach er die Fähigkeit zur Berufungspolitik ab: „Die Ernennung der Universitätslehrer muß dem Staat ausschließlich vorbehalten bleiben, und es ist gewiß keine gute Einrichtung, den Fakultäten darauf mehr Einfluß zu verstatten, als ein verständiges und billiges Kuratorium von selbst tun wird. Denn auf der Universität ist Antagonismus und Reibung heilsam und notwendig, und die Kollision, die zwischen den Lehrern durch ihr Geschäft selbst entsteht, kann auch unwillkürlich ihren Gesichtspunkt verrücken.“[20]

Humboldt sah die antreibenden Kräfte der inhaltlichen Entwicklung der Universität einerseits im forschenden Lernen, das heißt der Einheit von Forschung und Lehre, und andererseits in einem Wettbewerb der Einrichtungen der neuen Berliner Universität untereinander. In seinen Gründungsideen skizziert Humboldt die Idee einer organisatorischen Zusammenfassung der bis dahin selbständigen, rein dem Unterricht gewidmeten universitären Fachschulen (wie zum Beispiel dem Medizinischen Colleg) und der Akademie, die nur mit der Erweiterung des Wissens (Forschung) befaßt war. Die Zusammenfassung dieser beiden organisatorischen Einheiten beziehungsweise Funktionen, wobei die Universität mehr mit dem praktischen Leben und den Bedürfnissen des Staates (Erziehung der Jugend) verbunden ist, und die Akademie davon abgelöst rein mit der Wissenschaft befaßt ist, läßt ihn einen Wettstreit beider Einrichtungen erwarten, der sowohl die Qualität des Unterrichts heben als auch die Wissenschaftsentwicklung anregen soll.

Die geschilderten Prinzipien der Humboldt'schen Universitätsreform haben in zweifacher Weise Spuren im gegenwärtigen Hochschulsystem hinterlassen: in den Köpfen der Hochschullehrer und in den studienrechtlichen und organisationsrechtlichen Grundlagen unserer Universitäten.

In den Köpfen mancher Hochschullehrer hat sich der Name Humboldt zu einem Mythos verformt, stehe er doch ihrer Meinung nach für eine ehemals glorreiche und goldene Zeit der Universität im Gegensatz zur heutigen Tristesse. Die Vergangenheit wird in dieser Lesart zu einem guten Gegenbild der schlechten Moderne verformt: Nämlich zu einem Ort, wo wirkliche Lehre noch möglich war (wenige Studenten), wo wirkliche Forschung noch möglich war (Eliteuniversität), wo wirkliche Persönlichkeitsbildung noch möglich war (gute Professoren belehren begabte Studenten) und zu einem Ort, wo es eine Idee der Universität als höchste Anstalt eines „Kulturstaates" noch gab. In dem Maß, wie die Vergangenheit verklärt wird, werden auch Humboldts Prinzipien gegen das angeblich zerrüttete und vom Niveauverfall bedrohte gegenwärtige Hochschulsystem in Anschlag gebracht. Die Idee der Universität wird gegen das Spezialistentum und gegen die zerfallene Einheit der Universität gestellt, die Einheit von Forschung und Lehre gegen die Massenuniversität, die Autonomie gegen den Staat, der in die Universität hineinregiert. Bloß die Humboldt'sche Idee des Wettbewerbs wird von seinen Verehrern kaum aufgegriffen. Erst in letzter Zeit wurde eine Diskussion über Wettbewerb im Hochschulsystem wieder aufgenommen, aber mit deutlicher Akzentverschiebung, bedingt durch die Orientierung am Wettbewerbssystem nichtstaatlicher, privat organisierter Universitäten nach US-amerikanischem Vorbild.[21]

Im österreichischen Studien- und Organisationsrecht hat Humboldt jeweils im §1 strukturbildende und traditionsformende Spuren hinterlassen. Das Allgemeine Hochschul-Studiengesetz 1966 nennt als Grundsätze und Ziele der Studien: die Freiheit der Wissenschaft und ihrer Lehre (= Artikel 17 des Staatsgrundgesetzes), die Verbindung von Forschung und Lehre, die Lernfreiheit, die Autonomie der Hochschulen nach Maßgabe der gesetzlichen Vorschriften, die Bildung durch Wissenschaft.

Das Universitäts-Organisationsgesetz 1975 wiederholt diese fünf, auf Humboldt und seine Zeit – Anfang des 19. Jahrhunderts – zurückgehenden Strukturprinzipien.

Obwohl Humboldt so mannigfach mythen- und strukturbildend gewirkt hat, ist seine tatsächliche Wirkungsgeschichte zumindest für die deutschen Universitäten differenzierter zu beurteilen. Joseph Ben-David[22] hat in seiner Analyse der Wissenschaftsentwicklung an den deutschen Universitäten im 19. Jahrhundert nachgewiesen, daß Humboldts

Reformen bloß ein erster Schritt waren, der zu exzellenten Leistungen in verschiedenen Disziplinen führte. Humboldts Universitätskonzeption ging von einem geisteswissenschaftlichen und teilweise ideologischen Hintergrund aus, der zum Teil von einer Expansionsstrategie der seinerzeit minderprivilegierten und schlecht bezahlten geisteswissenschaftlichen Intelligenz motiviert war. Der deutsche Idealismus, aus dem sich die miteinander verwandten Universitätskonzeptionen von Humboldt, Fichte und Schleiermacher speisten, steht im engen Zusammenhang mit dem nach dem Sieg Napoleons stark gewordenen Nationalbewußtsein der Deutschen. Mit der Hilfe einer bestimmten Idee von Kultur, von geistigem Leben und einer Selbstdefinition der Intellektuellen als Elite der Nation hoffte man zumindest die kulturelle Hegemonie Deutschlands – trotz militärischer und politischer Niederlagen – ausbauen und behaupten zu können.

Die philosophische Ausrichtung war aber ein Hindernis für die Entwicklung der Wissenschaften, vor allem der empirischen Wissenschaften, so wie sie sich in England und Frankreich zur gleichen Zeit entwikkelten. Der entscheidende inhaltliche Impuls zur Entwicklung und Ausdifferenzierung der wissenschaftlichen Disziplinen an den deutschen Universitäten ging nicht von der geisteswissenschaftlichen Intelligenz aus, sondern von einer kleinen Gruppe von Naturwissenschaftern, die sich gegen den deutschen Idealismus und die damit verbundene romantische Naturphilosophie stellten, und auch von experimentierenden Technikern. Das unternehmerische Bürgertum und der fortschrittliche Adel gründeten eigene Schulen, die Vorläufer der heutigen Universitäten technischer und wirtschaftswissenschaftlicher Richtungen, weil die Universitäten die neuen Disziplinen ablehnten und von sich abwehrten.

Was den Aufstieg der deutschen Wissenschaft förderte, war die auf Humboldt zurückgehende Autonomiekonzeption sowie der Gedanke des Wettbewerbs und die damit möglich gewordene starke Forschungsorientierung einzelner Universitäten. Da das deutsche Universitätssystem ab den vierziger Jahren des 19. Jahrhunderts stark expandierte, boten sich für junge ambitionierte Wissenschafter Gelegenheiten zu wissenschaftlichen Karrieren auf prestigereichen und gut bezahlten Professorenstellen. Dies ist der Unterschied zu Frankreich und zu England, die ihren Nachwuchs solche wissenschaftlichen Laufbahnmodelle nicht oder nur sehr beschränkt anbieten konnten. Wesentlich war ein dadurch möglich gewordener Wettbewerb der Universitäten untereinander in der Ausbildung besonderer Forschungsprofile in einzelnen wissenschaftlichen Disziplinen sowie eine sorgfältige Berufungspolitik der Kultusministerien.

Im Zuge der Entwicklungen des 19. Jahrhunderts erfuhr die Humboldt'sche Konzeption der Universität als der Ort einer allseitigen Bildung des Individuums und der Ort einer gleichsam moralischen Instanz eines Kulturstaates, deutliche und nachhaltige Verformungen. Das ehemals revolutionäre neuhumanistische Bildungsideal verwandelte sich, wie Fritz Ringer in seinem Buch über die deutsche Professorenschaft zwischen 1890 und 1933 ausführt,[23] zu einem geistesaristokratischen und obrigkeitshörigen Selbstverständnis, das aber durchaus funktional für eine weitgehend praxisferne, autonome und forschungsintensive Bildungsanstalt war.

Unter dem Schutzschirm eines nur äußerlich rezepierten Bildungsideals haben vor allem die Naturwissenschaften immense Fortschritte gemacht und sind mit ihrer institutsförmigen und arbeitsteiligen Forschungsorganisation zum Vorbild für die zunächst individuell betriebenen Geistes- und Sozialwissenschaften geworden. Parallel dazu erfuhr die Humboldt'sche Idee der Universität jedoch einen deutlichen Niedergang, da die Vorherrschaft von Philosophie und allgemeiner Reflexion gegenüber den einzelnen empirischen Wissenschaften sich allmählich verlor und deren Ausdifferenzierung in viele Einzelfächer und Einzeldisziplinen die proklamierte Einheit der Universität in ein anarchisches, nur durch Universitätsgesetze und informelle Regelungen zusammengehaltenes Nebeneinander verwandelte.

Humboldts Aktualität kann natürlich keine unmittelbare sein, da zwischen seinem Wirken und unserer Zeit ein Abstand von bald zweihundert Jahren liegt. Wohl aber stellen die von ihm ausgehende Tradition in unserem Hochschulsystem als auch die ihr zugrundeliegenden Motive einen Ansatzpunkt für Reformen unseres gegenwärtigen Hochschulsystems dar.

Humboldts Universitätskonzeption beruht auf einer kulturell überhöhten Idee der Universität, in der die Philosophie als einheitsstiftende Kraft der Universität, als Klammer über alle Fakultäten hinweg und Grundmuster einer Reflexionsform über die Kultur fungiert. Dieser Anspruch war schon bald nach Humboldts Wirken nicht mehr realisierbar und ist es heutzutage auf keinen Fall mehr. Die Philosophie als Grundwissenschaft der Universität, aber auch als einheitsstiftende Kraft innerhalb der Vielfalt der Disziplinen ist heute gleichermaßen obsolet geworden.

Der Anspruch Humboldts, die Universität könne Persönlichkeitsbildung durch Wissenschaft betreiben, oder wie er es formuliert „. . . Wissenschaft, die aus dem Inneren stammt und ins Innere gepflanzt werden kann, bildet auch den Charakter um, und dem Staat ist es ebenso wenig um Wissen und Reden, sondern um Charakter und Handlung zu tun",[24] ist wohl kaum aufrecht zu erhalten. Zwar heißt es im Allgemeinen Hochschul-Studiengesetz, daß die Bildung durch Wissenschaft zu sachlicher Einstellung, klarer Urteilsfähigkeit, intellektueller Redlichkeit und Toleranz sowie erhöhter Verantwortlichkeit gegenüber der demokratischen Republik Österreich und der menschlichen Gesellschaft verhelfen soll, doch mit etwas nüchterner Beurteilung wird man feststellen müssen, daß diese Ziele im gegenwärtigen System der Universitäten kaum verwirklicht werden können. Allenfalls können die Studien so organisiert werden, daß neben einer fundierten beruflichen Vorbildung beziehungsweise wissenschaftlichen Ausbildung soviel Freiraum übrigbleibt, daß die Studierenden in die Lage gebracht werden, über die engeren Fachgrenzen hinaus etwas mehr an Allgemeinbildung und Kritikfähigkeit zu erwerben. Bei den gegebenen, hohen Belastungen durch zahlreiche Prüfungen in einzelnen Fächern ist dies allerdings ein sehr ambitionierter Anspruch. Pragmatisch gesehen wird man froh sein müssen, wenn es der Universität zu vermeiden gelingt, einseitig ausgebildete und persönlich deformierte „Fachidioten" hervorzubringen.

Das Hochschulwesen des deutschsprachigen Raumes ist sehr stark durch die von Humboldt ausgehende geisteswissenschaftliche Tradition geprägt. Dieses Universitätssystem versteht sich mehr als eine Fortsetzung der Gymnasien auf höherer Stufe, kombiniert mit einem Forschungsanteil, denn als eine Berufsbildungsanstalt. Diese Entscheidung gegen eine Vorherrschaft rein berufsbezogener Ausbildungsgänge geht auf Humboldt zurück und stellt heute, weil der Anteil der Studierenden pro Altersjahrgang von ehemals drei Prozent auf einen Prozentsatz bei zwanzig angestiegen ist, ein großes Problem für die Universität wie auch für den Arbeitsmarkt dar.

Zwar wurden schon im 19. Jahrhundert berufsbezogene Hochschulen in Form von Technischen Hochschulen, Montanhochschulen, Tierärztlichen Hochschulen, Welthandels-Hochschulen gegründet, sie haben aber in der Folge zu keiner tiefgreifenden strukturellen Änderung des älteren Teils des Hochschulsystems geführt. Ganz im Gegenteil: Die ehemaligen berufs- und praxisbezogenen Fach-Hochschulen sind zu Universitäten geworden. Zum Schutz gegen allzu viel Realbezug wurden als Aufgaben Berufs-Vor-Bildung und Grundlagenforschung proklamiert.

Die Universität als höhere Fortsetzung der Schule steht aber nicht nur in einem widersprüchlichen Verhältnis zur Arbeitswelt, sie steht auch in einem widersprüchlichen Verhältnis zum Arbeitsmarkt. Die Universität trägt keine praktische Verantwortung für ihre „Produkte", die Absolventen, und sie trägt auch kein Marktrisiko. Die Risiken praxisferner Ausbildungszweige werden individualisiert, im tragischen Fall als Form von individueller Arbeitslosigkeit. Auch insgesamt trifft die Sanktion des Marktes nicht die Universität, sondern immer nur den Absolventen und den Käufer akademischer Dienstleistungen und Qualifikationen. Die Arbeitgeber müssen Fehlqualifikationen mit erheblichem Einschulungs- und Umschulungsaufwand kompensieren. Die Einschränkung der Berufsfreiheit bei den sogenannten freien Berufen und – in der Auswirkung vergleichbar – das Vorbildungsprinzip in der staatlichen Verwaltung und ähnliche Regelungen in anderen Organisationen bis hin zur Industriebürokratie sorgen für eine starke Einschränkung der Konkurrenz der Akademiker untereinander und der Akademiker mit Nichtakademikern. Das heißt, daß sich gravierende Mängel der Hochschulausbildung erst dann zeigen, wenn die Zustände schon sehr ernst geworden sind.

Dieses Ungleichgewicht zugunsten der wissenschaftlichen im Gegensatz zur berufsqualifizierenden Ausbildung ist eines der größten Probleme und zugleich eine der größten Herausforderungen im gegenwärtigen Universitätssystem. Hier gilt es, über Humboldt hinauszugehen und Wege zu finden, die die Universitäten befähigen, das richtige Maß an Binnenreproduktion mit dem richtigen Maß an Berufsqualifizierung zu verknüpfen.

Kontrolloser Schonraum Universität

Die Leistungen, die an der Universität erbracht werden, zeichnen sich vor allem durch Rationalität aus. Viel weniger rational allerdings geht es in der Regel zu, wenn von der Leistungsfähigkeit der Universitäten die Rede ist. Einer der Gründe ist ein weitgehend falsches Bild der Universität. Sie sei eine Art Hochleistungseinrichtung. Sie war es angeblich früher oder sollte es jedenfalls sein. In der aktuellen Gegenwart ist sie, und das scheint ein wichtiger Bestandteil dieses Bildes zu sein, immer von Leistungs- und Niveauverfall bedroht. Dieser Mythos ist nicht neu, er findet sich schon im 19. Jahrhundert und noch früher. Einige einleitende generelle Bemerkungen zum Bild der Hochleistungsuniversität sind daher unumgänglich.

Die tatsächliche Leistungsgeschichte der Universitäten ist prosaisch. An den Universitäten sind besondere Leistungen, in Forschung und Lehre historisch gesehen und/oder unter dem Blickwinkel des gesamten Universitätssystems, immer die Ausnahme und nie die Regel gewesen. Die Universität unterscheidet sich diesbezüglich nicht von anderen Einrichtungen und Organisationen, in denen es ebenfalls ein deutliches Leistungsgefälle gibt.

Eine Relativierung der Leistungserwartungen an die Universität soll aufs erste in der Auseinandersetzung um diese Frage entlastend wirken. Damit soll aber nicht gesagt werden, es sei nicht notwendig, die Leistungsfähigkeit der Universität zu erhöhen. Etwas Relativierung kann uns aber dazu verhelfen, uns eines wichtigen Umstandes bewußt zu werden. Das Vorhaben, die Leistungsfähigkeit der Universität zu erhöhen, ist ein Innovationsvorhaben, kein Sanierungsprojekt. Gerade dazu braucht man pragmatisches Vorgehen. Ein pragmatischer Zugang ist aus noch einem Grund erforderlich. Die Diskrepanz zwischen Leistungsanspruch und Wirklichkeit wird seit einiger Zeit noch durch eine besonders in den Bildungsschichten verbreitete moralisierende Sicht und Interpretation wirtschaftlicher und gesellschaftlicher Probleme ganz besonderer Art verstärkt. Nach dem Motto, wenn die Menschen nur besser – ausgebildet – wären, werden allzu viele solcher Probleme dem Schul- und Ausbildungssektor angelastet. Diese Problemverschiebungen haben häufig den Charakter von Sündenbocktheorien.

Das Produkt der Universität, Ergebnis eines komplizierten Zusammenspiels von Lehre und Prüfung auf der einen und Lernen auf der anderen Seite, ist der Absolvent. Die praktische Verantwortung für dieses Produkt ist jedoch sehr einseitig verteilt. Die Universitäten tragen weder das Marktrisiko, noch gibt es so etwas wie eine Produkthaftung. Fehlqualifikation und mangelnde Ausbildungsqualität werden auf dem Arbeitsmarkt individualisiert, am dramatischsten als Arbeitsplatzrisiko. Die Sanktion des Marktes trifft den einzelnen Absolventen und den Käufer akademischer Qualifikationen, zum Beispiel den Patienten im Falle des Arztes oder den Arbeitgeber, der zum Beispiel Fehlqualifikationen mit erheblichem Einschulungs- und Umschulungsaufwand kompensieren muß. Verschärft wird dieses Problem noch durch die relative Privilegierung der Akademiker, vor allem in der engen Koppelung Hochschuldiplom – Leitungsfunktion im öffentlichen Sektor und durch den vielfältigen gesetzlichen Schutz des Zugangs zu vielen Berufen durch das Erfordernis eines ganz bestimmten Hochschuldiploms. Wir sehen die Situation, daß zwar im allgemeinen ständig und viel von der Qualität der universitären Ausbildung und der Universität die Rede ist, eine konkrete Auseinandersetzung mit Qualitätsproblemen aber, so lange es nur geht, sorgfältig vermieden wird, und zwar in einer unheiligen Allianz von Universität und akademischen Berufsgruppen, deren Basis das gemeinsame Standesinteresse ist.

Einer der Gründe für dieses Verhalten seitens der Universität ist relativ banal. Die Universität ist in Sachen praxisrelevanter Ausbildungsqualität sowohl im konkreten wie im allgemeinen wenig urteilsfähig, da sie überwiegend aus Personen besteht, die noch nicht (die Studenten) oder nie in ihrem Leben (die Universitätslehrer) aus der Schule gekommen sind. In diesem Sinn ist die Universität nach wie vor eine geschlossene Anstalt, wenn auch eine mit wenig Präsenzpflicht und viel Ausgang.

Die Universität ist prinzipiell in der Lage, Qualitätsurteile nach hochschulinternen Kriterien zu fällen, eine Kompetenz, die allerdings nur begrenzt zur Anwendung kommt. Organisationsanalysen der letzten Jahre haben gezeigt: Die Universität als Gesamtorganisation ist weitgehend eine Fiktion. Sie ist vielmehr eine lose Agglomeration kleiner und kleinster Organisationseinheiten. Ordinariatsübergreifende Organe nehmen ihre Kompetenzen häufig nicht oder nur ritualistisch – ich meine damit: primär verfahrens, nicht sachorientiert, also klassisch bürokratisch – wahr, indem sie sich diverser Entscheidungs-

und Problemfluchtverfahren bedienen. Die wichtigsten davon sind, die an der Universität anfallenden Entscheidungen und Probleme in Regelungs- und Ressourcenbedarf zu übersetzen und an die staatliche Verwaltung oder an den Gesetzgeber heranzutragen. Der größte Druck auf durchgehende Reglementierung geht von der Universität selbst aus. Das gilt vor allem für das Studienrecht, wie die Erfahrung der letzten zwanzig Jahre eindringlich zeigt. Ein weiterer Problemfluchtweg besteht darin, Probleme ungelöst in Form einer Verschlechterung der Studienbedingungen an die Studenten weiterzugeben. Damit ist ein schlechter Rahmen für eine effiziente Arbeit an der Universität gegeben.

Zum Mangel an institutsübergreifendem Management tritt noch der Mangel an institutsübergreifender Kontrolle. Ordinariatsübergreifend findet Leistungs- und Qualitätskontrolle praktisch nicht statt. Soweit es so etwas wie eine kollegiale Selbstkontrolle auf horizontaler Ebene gibt, bleibt sie weitgehend wirkungslos, weil Leistungs- und Qualitätsmängel zu keinen Sanktionen führen. Die Kollegialität funktioniert vorwiegend nach dem Prinzip „Gehen wir uns aus dem Weg“. Das heißt in Summe, die universitäre Selbstverwaltung ist in ihrer gegenwärtigen informellen Verfassung nur sehr begrenzt in der Lage, für effiziente und leistungsorientierte Arbeit an der Universität zu sorgen.

Auch gibt es wenig Konkurrenz. Die informelle Organisation der Universitäten mit ihrer Tendenz zu einem Monadensystem ist auf eine sehr anarchische Form der Konkurrenz hin angelegt, nämlich nicht auf eine soziale, sondern auf eine asoziale, eine nicht zwischen Organisationseinheiten und Gruppen, sondern auf eine, die zwischen Individuen ausgetragen wird. Der Kampf jeder gegen jeden steht daher ständig als Drohung vor der Tür, und das noch unter der Bedingung eines nicht funktionierenden Konfliktmanagements. Daraus resultiert verständlicherweise nicht nur ein Konfliktvermeidungsverfahren in der „Entscheidungs"findung, sondern eine Fülle von Strategien zur Vermeidung von Leistungskonkurrenz. Die wichtigste Strategie ist der Weg in die Spezialisierung, auch in der Lehre. Die zweitwichtigste ist die der möglichst exakten Abgrenzung von Fachterritorien, zu der häufig auch die Studienpläne herhalten müssen, da Instituts- und Ordinariatsbezeichnungen offenbar dazu nicht ausreichen.

Die Mitbestimmung der Studenten als Element der Leistungskontrolle durch die Nutzer mußte notwendigerweise enttäuschen, da sie auf die formelle Organisation abgestellt und dort am schwächsten ist, wo sie in der informellen Organisation am ehesten wirksam wäre, nämlich am Institut und in den einzelnen Lehrveranstaltungen.

Ein weiteres Merkmal der Organisation der Universität, das indirekt sehr nachhaltig ein leistungsrelevantes ist, ist der Mangel an fachübergreifendem Mangagement, fachübergreifender Planung, Koordination, Kontrolle, Kooperation. Mit diesem Mangel verbindet sich ein Defizit an fachübergreifender, nicht nur praktischer, sondern auch theoretischer Auseinandersetzung mit Fragen der Bildung und Ausbildung. Fachübergreifend findet wenig Diskussion statt, es gibt kein oder zuwenig reflektiertes und systematisiertes Wissen. So effektiv der Fachverstand der Universitäten im einzelnen auch sein mag, fachübergreifend ist er nicht nur nicht effektiv, sondern fachübergreifend herrscht Leere, nicht Lehre. Das hat zur Folge, daß die Kompetenz der Universität zu Qualitätsurteilen dort aufhört, wo sie über das einzelne Fach hinausgeht. Wenn es zum Beispiel um die

Frage der Gesamtqualität eines Studiums geht, das ja Ergebnis einer Summe von Einzelleistungen, des Studienaufbaus, des Prüfungssystems und so weiter ist, ist die Urteilsfähigkeit der Universität sehr begrenzt. Sie ist sich nicht nur nicht recht bewußt, was sie in Lehre und Ausbildung als Ganze eigentlich tut, sondern sie kann sich auch diesbezüglich nicht oder nur sehr schwer auf den Begriff bringen. An Stelle des Begreifens tritt das Ressentiment. Da die Universität sich so schwer auf den Begriff bringen kann, bemüht sie Feindbilder. Das sind derzeit aktuell zum Beispiel wieder einmal Masse und Elite mit den dazugehörigen fruchtlosen Diskussionen und der Tendenz, sich in hochschulpolitische Sackgassen zu verrennen. Das Ressentiment bedingt nämlich nicht nur ein hohes Ausmaß an Irrationalität in den alltäglichen universitätsinternen Verhaltensweisen, es wirkt auch auf das Außenverhältnis. Da sich auf der Basis von Ressentiments bekanntlich nicht verhandeln läßt, wird die Universität zu Fragen der Gestaltung und Erfüllung ihrer Bildungs- und Ausbildungsaufgaben verhandlungsunfähig.

Eine Tendenz gerade zu dieser Ausprägung des Ressentiments ist in Karriere und Rekrutierung der Universitätslehrer angelegt. Im Gegensatz zu der indirekten Wirkung auf die Leistungsfähigkeit der Universität, die von den sozialen und intellektuellen Handicaps auf fachübergreifender Ebene ausgehen, wirkt die Auswahl der Universitätslehrer sehr direkt auf die Leistungsfähigkeit der Gesamtinstitution. Im Konzept der autonomen Selbstkontrolle der Universität kommt der Kontrolle des Berufszugangs daher eine zentrale Bedeutung zu. Das macht die Sache besonders heikel. Der Logik der Selektion im Bildungssystem gemäß werden Schritt für Schritt die jeweils Erfolgreicheren für die weitere Schullaufbahn ausgewählt, die weniger Erfolgreichen scheiden aus der Schule aus. Je weiter einer sich in dieser nach oben verjüngenden Bildungspyramide hinaufbewegt, umso leistungsfähiger hat er sich erwiesen. Dieser Logik zufolge können jene, die auf der höchsten Ebene, der der Universität, mit dieser Selektion betraut sind, nur die Auswahl der Allerbesten sein. Die Mehrzahl der Universitätslehrer empfindet sich vermutlich als solche Auswahl. Das mag, so man nur schulische Kriterien anlegt, richtig sein. Wenn Qualifikation und Leistungsfähigkeit unter Einbeziehung außerschulischer Kriterien definiert werden, wird der Befund viel weniger eindeutig. Wer sich in und für die Schule als Bester qualifiziert hat, hat eben nur Leistungsfähigkeit in und für die Schule bewiesen. Die entscheidende Bewährung aus außerschulischer Sicht erfolgt aber in der Praxis, zu der die schulische Selektion nur Vorarbeit leistet. Wäre es anders, so müßte es eine intensive Mobilität zwischen Universität und Praxis geben, vor allem eine Mobilität zur Praxis. Die Universität müßte ständig Rekrutierungsprobleme rein quantitativer Natur haben, weil ihr zum Beispiel die Wirtschaft dauernd Universitätslehrer abwirbt. Nun ist es aber, wie jeder weiß, bei weitem nicht so, sonst gäbe es zum Beispiel nicht das seit einhundert Jahren chronische Problem der Dozenten und das ständige Bemühen an der Universität, Auffangsstellen für Universitätslehrer zweiter Kategorie zu schaffen. Theoretisch müßten Habilitierte geradezu Hits auf dem außeruniversitären Arbeitsmarkt sein, sie sind es aber nicht. Das heißt, das einzige, was wir mit einiger Sicherheit über die Auswahl der Universitätslehrer vermuten können, ist, daß sie sich aus einer Art Schulleistungselite rekrutiert, über deren Leistungsfähigkeit und Leistungsbereitschaft nur das Urteil der Schule vorliegt. Weniger eindeutig wird der Befund über die Auswahl der Universitätslehrer, wenn wir unterstellen, Schulerfolg sei nicht nur eine Frage der fachlichen Leistung, sondern auch ein Ergebnis der Anpassung an die formelle und informelle Organisation zuerst der Schule und dann der Universität, die sich ja weitgehend als kontrollfreier Raum darstellt. Daher ist nicht ausgeschlossen, daß zumindest ein Teil jener, die den Beruf des Universitätslehrers anstreben, eben jenen relativ kontrollosen Schonraum Universität suchen, in dem man durch den Rollenwechsel vom Schüler zum Lehrer eben jenem Druck zu entkommen sucht, dem man sich zwanzig lange Jahre unterworfen hat.

Zu diesen strukturellen Problemen bei der Auswahl von Universitätslehrern – es sind bei weitem nicht alle – kommen einige, die in Verbindung mit der Universitätsentwicklung der letzten Jahrzehnte zu sehen sind. Durch die rasche Expansion in den sechziger und siebziger Jahren haben in einem relativ hohen Ausmaß – auch nach universitätsinternen Kriterien – nicht nur erstklassige Wissenschafter Dauerstellen erhalten. Auch viele Parallelordinariate wurden eingerichtet. In Habilitationskommissionen und Berufungskommissionen sitzen heute häufig ausschließlich Vertreter desselben Faches und verwandter Fächer; diese Repräsentanten haben ein gewisses Interesse daran, sich keine unliebsame Konkurrenz aufzuhalsen. Auf diese Weise können ganze Fachbereiche in relativ kurzer Zeit aber mit Dauerwirkung abwirtschaften. Es gibt zunehmend unübersehbar die Tendenz, den Beruf eines Universitätslehrers als Versorgungseinrichtung zu sehen, auch als Basisversorgung bei zeitintensiver außeruniversitärer „Neben“-Tätigkeit oder als Basis für Gutachtertätigkeit und Dienstleistungen zur Führung einer Art „Wissenschaftsgreißlerei“, die den Hauptberuf zum lästigen Nebenjob degradiert. Diese strukturellen und zeitbedingten Probleme bei der Auswahl von Universitätslehrern zwingen uns jedenfalls hinsichtlich der Leistungsfähigkeit und Leistungsbereitschaft der Universitätslehrer ein sehr differenziertes Urteil über die Leistungsfähigkeit der Gesamtinstitution ab. Dies muß man berücksichtigen, wenn man sich ernstlich darauf einläßt, das Leistungsniveau der Universitäten anheben zu wollen.

Das derzeitige System der Studienvorschriften ist im wesentlichen das Ergebnis des Versuchs, die österreichischen Hochschulstudien zu modernisieren und die Qualität universitärer Ausbildung zu erhöhen, wobei die Regelungsdichte seit dem Wirksamwerden des Allgemeinen Hochschul-Studiengesetzes von 1966 ständig zugenommen hat. Wenn auch unausgesprochen, ist damit auch der Versuch verbunden, die schlecht oder nicht funktionierenden universitätsinternen Mechanismen zur Sicherung einer qualitätsvollen Bildung und Ausbildung durch politisch-administrative Maßnahmen auszugleichen und zu kompensieren. Dieses Vorhaben ist über weite Bereiche nicht gelungen. In vielen Fällen – so die Erfahrung der letzten zwanzig Jahre – haben sich die gewachsenen Strukturen der Universität als stärker erwiesen als die überwiegend von außen an die Universität herangetragenen und mit Gesetz, Verordnung und Erlaß durchgesetzten Studienreformen. Dies auch in solchen Fällen, in denen die Universität oder Teile von ihr solche Maßnahmen mitgetragen haben. Die Institution hat sich nicht nur gegenüber dem Zugriff von außen, sondern auch gegenüber dem Selbsterneuerungspotential ihrer Mitglieder und Akteure als relativ schwer veränderbar gezeigt.

Inzwischen haben wir mit viel Vorschrift und wenig Effekt ein System, das nicht nur der Universitätsausbildung ein sehr enges und starres Konzept auflegt, sondern das als Instrumentarium kaum mehr handhabbar ist. Wir haben sozusagen eine zweite Ebene der Unregierbarkeit erreicht. Eine Perfektionierung dieses Systems würde diese Fehlentwicklung vermutlich nur weiter treiben.

Zudem besteht der begründete Verdacht, daß die auf solche Art betriebene Studienreform nicht nur nicht effektiv, sondern sogar kontraproduktiv war, indem sie qualitätsmindernde Faktoren noch verstärkt hat. Es ist dazu notwendig, sich einige Strukturen der universitären Ausbildung vor Augen zu führen. Produktionstechnisch gesehen ist die österreichische Universität eine Art Verlagssystem. Die Universität stellt Rohmaterial (Lehrbücher, Skripten, Stoffsammlungen und so weiter) und Produktionspläne zur Verfügung. Die Produktion erfolgt in Heimarbeit und wird an der Universität in den Prüfungen und prüfungsimmanenten Lehrveranstaltungen mehr oder weniger nur kontrolliert. Was als Lehrveranstaltung offiziell ausgewiesen ist, sind neben den häufig didaktisch geradezu archaischen und teilweise auch kaum frequentierten Vorlesungen überwiegend prüfungsimmanente Veranstaltungen, die weniger Lehrcharakter als Prüfungscharakter haben. Der Lernprozeß ist in hohem Maß aus der Institution ausgelagert und erfolgt im Selbststudium. Die österreichischen Universitäten sind daher überwiegend nicht eine Lehreinrichtung, sondern eine Prüfungseinrichtung. Während es für die Lehre so gut wie keine Leistungskontrolle und Qualitätskontrolle gibt, werden die Studenten einer ständigen, in manchen Studien geradezu exzessiven Dauerkontrolle unterzogen. Dieses Ungleichgewicht von Lehre und Prüfung führt insgesamt nicht nur zu einem sehr selektiven System mit hohen Abbruchraten, es zwingt die Studenten auch, überwiegend prüfungsorientiert zu lernen. Nicht die Beschäftigung und Auseinandersetzung mit dem Studienfach steht im Vordergrund, sondern die mit Prüfern und Prüfungen, in denen überwiegend rein rezeptiv erworbener Prüfungsstoff abgeprüft wird, wie es ganz unverblümt im universitätsinternen Jargon heißt.

Dieser Prüfungsprozeß erfolgt mangels einer fachübergreifenden Koordination der Lehrenden und Prüfenden überwiegend nach einem Fließbandverfahren, in dem der Student ein Fach, Teilfach oder Teilchenfach nacheinander abarbeitet. Integration beziehungsweise Zusammenhänge herzustellen bleibt weitgehend dem Studenten überlassen, verstärkt noch durch den Umstand, daß die meisten Studienpläne eine Addition wenig integrierten, sich teilweise überlappenden Fach- und Spezialwissens sind. Die einzelnen Prüfer tendieren dazu, ihren eigenen Maßstab an Qualität, nämlich ein Spezialgebiet möglichst gut zu beherrschen, auch an die Studenten anzulegen, was mit einer ständigen Tendenz zur Ausdehnung des Lehr- und Prüfungsstoffes in Einzel- und Teilfächer verbunden ist. Das verstärkt nicht nur die auf bloße Rezeption angelegten Lehrprozesse und Lernprozesse, sondern führt auch dazu, daß die Teil- und Spezialqualifikationen zugunsten der Gesamtqualifikation eines Studenten zurücktreten. Als zusätzlicher Effekt ergibt sich eine ständig steigende Studiendauer.

Es ist fraglich, ob bei einem solchen Studien- und Prüfungssystem ein zu Ausbildungsqualität führender Lehr- und Lernprozeß nicht mehr hauptsächlich gegen dieses System möglich ist, also nur mehr Ausnahme und nicht mehr die Regel sein kann, womit wir zum Ausgangspunkt der Überlegungen zurückkommen. Es sollte möglich sein, diese Regeln konsequent, schön langsam, vielleicht auch in großen, radikalen Schritten zu ändern. Voraussetzung dazu ist eine integrierte Reform, die die Gesamtinstitution Universität nicht zugunsten oder auch zu Lasten der Reglementierung von Studien und damit von Studenten aus dem Auge verliert, da ansonsten die Gefahr besteht, eine unbefriedigende Situation nicht nur nicht zu ändern, sondern mit viel Aufwand auch noch auf Dauer festzuschreiben.

Die Universität als Deponie ungelöster Probleme

gemeinsam mit Walter Steinbacher

Erfahrung und bürokratische Planung

Viele Jahre haben wir mit wissenschaftlicher Hilfe, fortschrittlich technokratisch also, an der Entwicklungsplanung unserer Universitäten gearbeitet und mitversucht, Probleme unserer Gesellschaft zu lösen. Wir haben viel zu Papier gebracht. In den letzten Jahren aber, seit wir überall von Krise hören und lesen und auch von ihr reden, sind wir ein wenig unsicher geworden, ob all die Probleme, die der Wissenschaft zur Behandlung und Lösung zugeschrieben werden, von ihr überhaupt gelöst werden können.

Recht unsicher sind wir über die Problemlösungsqualitäten technokratischer Sichtweisen und Verfahren geworden. Ja, auch Politik machen kommt uns immer schwieriger vor.

Ich versuche nach vielen Jahren des Gehorsams den strengen Regeln den analytischen Wissenschaften gegenüber einen anderen Zugang: Ich berichte über Erfahrungen, die ich gemacht habe, in unzähligen Gesprächen mit Wissenschaftern, Politikern, Standesvertretern, in Streitgesprächen mit Studenten und Journalisten. Ich nehme mir auch die Freiheit, ein Denkmuster aus einem Roman meinen Überlegungen zugrunde zu legen. Vielleicht bringt uns Wissen aus der europäischen Kulturgeschichte weiter, wenn wir uns in Analogien versuchen. Erlauben Sie mir, ein wenig un-„diszipliniert“ an das Thema zu gehen.

Ich beginne mit einer kurzen Geschichte, die mir exemplarisch erscheint: Vor einiger Zeit haben sich leitende Funktionäre der Kammer der Ingenieure und Architekten – das ist eine Interessenvertretung für einen Beruf, dessen Ausübung ein technisches und/oder künstlerisches Universitätsstudium voraussetzt, mit Zwangsmitgliedschaft – an das Wissenschaftsministerium mit der Bitte um Hilfe gewandt. Sie waren jung und erst kurz in ihren Ämtern. Bei der letzten Wahl wurde die alte Führungsgarnitur abgelöst. Der Grund war: Der Architektenberuf ist in einer Krise. Die davon stärker betroffenen jüngeren Architekten wollen – so die Vermutung – mit einer Generationsablöse eine neue Politik, um der Krise Herr zu werden. Die Krise hatte also in diesem Fall politische Folgen, wenn sie sich auch in Grenzen hielten.

Es gibt meiner Meinung nach eine sehr einfache Definition der Krise des Architektenberufes: Zu wenig Aufträge und zu viele Architekten.

Die neue Führung der Architekten fand andere Gründe für die schlechte Auftragslage. Ihre Erklärung sah folgendermaßen aus: Bei öffentlichen Aufträgen werden nicht mehr so häufig Architektenwettbewerbe durchgeführt, die den kleinen Architekturbüros den Zugang zu Aufträgen ermöglichen. Im öffentlichen Bereich werden zunehmend freiberufliche Architekten durch beamtete Architekten ersetzt, sogenannte Amtsplanungen. Es fehlen private Auftraggeber. Die Architekten haben auch unter der Konkurrenz der nicht an der Universität ausgebildeten Ingenieure und der weniger gebildeten Baumeister zu leiden. Um besser konkurrenzfähig zu sein, müssen die Architekten eine neue Rolle bekommen, und zwar die einer umfassenden Führungs- und Leitungsfunktion beim Bauen.

Die gewünschte neue Rolle entspräche der traditionellen Rolle der Architekten. Hinzuzufügen wäre, daß sie um Funktionen, die bisher der Auftraggeber, der Bauherr, wahrnahm, ergänzt werden sollen. Demgemäß wäre die Ausbildung der Architekten – entgegen dem seit zwanzig Jahren forcierten Trend zur Spezialisierung – in Richtung einer universalistischen Konzeption „umfassende Qualifikation und Verantwortlichkeit" zu verändern, und zwar, indem den Studenten mehr Pflichten auferlegt und Wahlmöglichkeiten in ihrem Studium genommen werden, damit nur ja jeder Absolvent alles kann.

Diese Problemdefinition hat gegenüber der ersten erhebliche Vorteile. Sie verschiebt den Verteilungskonflikt um die Aufträge. Er soll weniger zwischen freiberuflichen Architekten, sondern zwischen freiberuflichen auf der einen und beamteten und Praktikern auf der anderen Seite ausgetragen werden. Das Problem der Arbeitsteilung und die damit verbundenen Folgen können, statt durch Kooperation durch Hierarchisierung gelöst, dem drohenden sozialen Abstieg einer Berufsgruppe das optimistische Bild eines sozialen Aufstiegs entgegengehalten werden. Im großen und ganzen, so der Wunsch der Architekten, soll alles wieder so werden, wie es früher – angeblich – einmal war.

Problemdefinition und Problemlösung bewegten sich ganz im Rahmen einer landläufigen Krisenformel: Zu viel Staat, zu wenig Konkurrenz und allzu viel Begehrlichkeit der jeweils kleineren Leute (in diesem Fall der niederrangigen Ingenieure, die den Universitätsabsolventen die Aufträge wegnehmen). Das Rezept: Weniger Staat, mehr Markt und mehr private Führung durch die Konzentration von Verantwortung in einer neu zu bildenden Führungsschicht, unter anderem durch Privatisierung staatlicher Funktionen. Die Basis von allem wäre eine neue einheitliche und universalistische Ausbildung der Architekten an den Universitäten. Die Gegenleistung der Architekten wäre die besondere Verantwortung für das Allgemeinwohl.

Selbst wenn man annähme, Krisenformel und Krisenlösungen wären richtig, es stellt sich immer noch die ungeklärte Frage, wie die Bauaufträge mehr werden. Auch die Frage blieb unbeantwortet, wer aber die Arbeit machen würde, wenn alle Architekten nur Oberverantwortlichkeiten hätten.

Wenn wir uns als Pragmatiker auf das Durchführbare des Förderungsprogrammes der Architekten beschränken, sind wir wieder beim Thema Universität und Krise. Der Staat kann mit mehr Staat das Architekturstudium verändern, indem er den Studenten mehr Pflichten auferlegt und ihre Wahlmöglichkeiten einschränkt. Mehr Intelligenz mit Führungsanspruch als Problemlöser?

Schwächen des Humankapitalismus

Zum Meistern von Krisen ist Intelligenz erforderlich. Dies ist vermutlich eine sehr alte Erfahrung. In der mündlichen Überlieferung ist sie in der Spruchweisheit zusammengefaßt, „daß Not erfinderisch macht". Deswegen läuft in Österreich – ähnlich wie in anderen Ländern – seit einigen Jahrzehnten ein umfangreiches Programm zur Intelligenzförderung. Das Programm der Expansion höherer Bildung aus den sechziger Jahren erscheint im nachhinein als eine Art vorausschauende Krisenvorsorge.

Das Paradigma des Humankapitalismus ist die Vorherrschaft von Wissenschaft und Bildung über alle anderen Faktoren der gesellschaftlichen Entwicklung, Wirtschaft und Politik eingeschlossen. Wissenschaft und Bildung seien die zentralen Steuerungsvariablen, auch im wirtschaftlichen Bereich. Die Fortsetzung des Wirtschaftswachstums und die Modernisierung der Wirtschaft erschienen so primär eine Frage der Investition in Humankapital zu sein, einer verstärkten Förderung von Wissenschaft und des vermehrten Einsatzes an hochqualifizierten Arbeitskräften. Damit verband sich die Vorstellung, eine allumfassende Expansionsstrategie des Humankapitals mit dem Ziel der „Verwissenschaftlichung aller Lebensbereiche“ einschließlich der Politik zu entwickeln. Nahezu alle wirtschaftlichen und gesellschaftlichen Probleme sollten auf diese Weise gelöst werden.

Aus dieser Sichtweise wurde die Öffnung des Zuganges zur höheren Bildung und zu den Universitäten zu einem vordringlichen Ziel der Bildungspolitik. Es wurde ein immenser Bedarf an Akademikern gesehen. Die Prognosen des OECD-Berichtes von 1966 über die österreichische Bildungspolitik errechneten für 1981 einen Bedarf an Akademikern in einer Größenordnung, die erst um 1990 erreicht wurde.

Die These von der Bedeutung des Humankapitals hatte auch die Züge einer Art Heilslehre, mit der Wissenschaft und höhere Bildung als Allheilmittel angepriesen wurden. Diese Sichtweise war nicht ohne Erfahrungsbasis. Die wirtschaftliche Bedeutung der technologischen Entwicklung war offenkundig, aber im konkreten ebenso unklar. Die komplizierten Wechselwirkungen von technischer und wirtschaftlicher Entwicklung blieben weitgehend ungeklärt. Im Jahrzehnt des relativ stärksten Wirtschaftswachstums in Österreich, in den siebziger Jahren, blieb die Zahl der berufstätigen Ingenieure etwa gleich. Woher kam das Wachstum? Den Nutznießern einer durch Bildung begründeten sozialen Ungleichheit sowie deren Beobachtern erschien die wirtschaftliche Bedeutung von Bildungsinvestitionen evident, weil durch die Primärerfahrung der Problemlösungskapazität hochqualifizierter Arbeitskräfte und ihrer ökonomischen Privilegien bestätigt. Diese wurde freilich unreflektiert auf die gesamtgesellschaftliche Ebene übertragen.

Diese unverarbeitete Erfahrungsbasis des Humankapitalismus ist eine der Ursachen, warum die daraus abgeleitete Programmatik sehr bald auch entschiedene Gegner fand. Sie versetzte diesen von Anfang an in eine prekäre Situation. Der Humankapitalismus leitete aus den positiven Erfahrungen beim Einsatz hochqualifizierter Arbeitskräfte und aus den ebenso positiven Erfahrungen der von der Bildungsungleichheit Begünstigten eine Generalformel ab. Zog man aber daraus auch die praktischen Konsequenzen, entzog sich der Humankapitalismus selbst den Boden. Die Vermehrung des Humankapitals würde den Ertrag der von der sozialen Ungleichheit Begünstigten gefährden und damit auch seine eigene Legitimationsbasis untergraben. Die Ideologie des Humankapitals hatte von vornherein eine Art Selbstzerstörungsmechanismus eingebaut. Dieser blieb unerkannt, weil es für Wissenschafter und Akademiker relativ neu war, aus theoretischen Einsichten praktische Konsequenzen für sich selbst zu ziehen. Sie hatten dies immer nur für andere und im Auftrag anderer gemacht.

In der zweiten Hälfte der siebziger Jahre wurden zum ersten Mal die Folgen der Expansion und die Finanzierung des weiterhin expandierenden Bildungsbereiches in vielen Ländern zu Problemen. Diese Erfahrungen bewirkten eine Art Schock, der innerhalb der Vorstellungen des Humankapitalismus nicht bewältigbar war und offensichtlich auch eine Art Intelligenzhemmung bei weiteren Teilen seiner Anhänger auslöste. Dies hatte zur Folge, daß die Befürworter der Bildungsideologie der sechziger Jahre diese anhand der neuen Erfahrungen kritisch überprüfte und weiterentwickelte, die zunehmende Schar an Kritikern aber über eine Negation dieser Ideologie nicht hinauskam.

Die ehemalige Heilslehre wurde in eine Unheilslehre umgewandelt. Aus der mit viel Optimismus begonnenen Öffnung der höheren Schulen und Universitäten wurde die Katastrophenmeldung von der Akademikerschwemme, die seit mehr als einem Jahrzehnt die öffentliche Diskussion über die Hochschulexpansion erheblich mitbestimmt. Diese Unheilslehre hat das Paradigma der Ideologie des Humankapitals aber nicht aufgegeben. Die positiven Erwartungen schlugen nun in extrem negative um. Glaubte die Bildungspolitik der sechziger Jahre, nahezu alle Probleme mit und durch Bildung und Wissenschaft lösen zu können, so wurde nun jede Menge Probleme auf die Bildungsexpansion zurückgeführt. Die Heilsversprechungen der Bildungsökonomie wurden von Katastrophenerklärungen abgelöst, die viele bedeutende tatsächliche oder scheinbare Probleme in irgendeiner Form der Bildungsexpansion und der Bildungspolitik zuschrieb: Die soziale Nivellierung, das Innovationsdefizit der österreichischen Wirtschaft, die Exportprobleme der Unternehmen, die Jugendkriminalität, die Wissenschaftsfeindlichkeit der Jugend, die Wirtschaftskriminalität, der Terrorismus sowieso. Da stellt sich die Frage: Wie macht denn das die Bildungspolitik nur? Sie verfügt offensichtlich über geradezu dämonische Kräfte. Eine die Bildungsökonomie ablösende Bildungsdämonologie produzierte so statt kritischer Analysen Feindbilder, von denen drei besonders haßvoll gepflegt und ausgebaut werden: Die Verschwörung der Gleichmacher, die leistungs- und wissenschaftsfeindliche Jugend und die Bildungspolitik. Wobei sehr rasch eines vergessen wurde: Die Bildungspolitik der siebziger und achtziger Jahre hat, was die Öffnung des Hochschulzuganges betraf, das Erbe der sechziger Jahre zu übernehmen und durchzuführen.

Trotz der Oberflächlichkeit gegen die expansive Bildungspolitik fand die Polemik Gehör, weil seit der zweiten Hälfte der siebziger Jahre Krisen viele unpolitisch denkende Fachleute und Führungskräfte in eine Ratlosigkeit versetzte, die anstatt des Akademikerbedarfs den Bedarf an Feindbildern rasch steigen ließ. Angesichts eines geplatzten großen Exportgeschäftes war es für ein Unternehmen zumindest tröstlich zu hören, als die Interessenvertretung die Schwierigkeiten der Exportwirtschaft auf die mangelnde Fremdsprachenausbildung des akademischen Nachwuchses zurückführte.

Wir können aus diesen Erfahrungen etwas Wichtiges lernen. Der Humankapitalismus tendierte dazu, allzu viele Probleme in den Bildungsbereich abzuschieben und damit an den Nachwuchs zu delegieren, Probleme, die eigentlich am Ort ihrer Entstehung zu lösen gewesen wären.

Falsche Aufgaben für die Universität

Schon bei den Architekten stellte sich die heute für die Universitäts-Ingenieure allgemein geltende Frage, wie sie denn ihre allumfassende Planungs-,

Koordinations- und Sachkompetenz erwerben sollten und ob sie überhaupt einer solchen Rolle gewachsen sein würden. Dieser neue Ingenieur würde neben seiner Fachkompetenz auch noch soziologische, ökonomische, psychologische, philosophische, ökologische und sonstige Kenntnisse haben. Er würde zumindest eine Fremdsprache sprechen. Er würde Führungsqualitäten haben und organisatorische Fähigkeiten, würde kreativ, diszipliniert, leistungsorientiert und besonders verantwortungsbewußt sein. Er würde den Markt, den Umweltschutz und die Humanisierung der Arbeitswelt gleichzeitig im Auge haben und noch vieles mehr. Er würde wohl der „neue Mensch“ sein. Aber: Wir würden diesen „Über-Akademiker“ erst etliche Zeit nach der Jahrtausendwende haben. Konflikte, die gesellschaftlich auszutragen wären – zwischen Unternehmen und politischen Instanzen, zwischen politischen Gruppierungen und so weiter –, werden in den einzelnen, erst zu schaffenden „Über-Akademiker“ zur Lösung verlegt.

Den Nachkommen Gutes zu hinterlassen, wäre eine schon ehrenhafte Sache. Das Problem aber ist, daß wir die Probleme jetzt und nicht nach 2000 haben. Es stellt sich der unangenehme Verdacht ein, der Reformanspruch für technische Studien hätte zwar etwas mit der Krise, aber nichts mit deren Bewältigung zu tun.

Dazu greife ich auf die alte und plausible These zurück, an der Universität und in der Diskussion um die Universität würden sich eben die Probleme einer Zeit widerspiegeln. Sie mag stimmen oder nicht. Der Spiegel hat auf jeden Fall eine lange Reflexionsdauer. Die Umweltschutzproblematik zum Beispiel wurde von den Technischen Universitäten sehr lange nicht rezipiert. Sieht man Umweltschutz als Innovation, so kommt diese zweifellos von woandersher und hat sich weitgehend ohne Universität durchgesetzt. Im Widerspiegeln gesellschaftlicher Probleme durch die Universität ist aber die Sache nicht erledigt. Im Fall der Behebung der Krise des Architektenberufes haben wir gesehen, daß ein solches Programm, pragmatisch gesehen, nur in einem Punkt durchsetzbar wäre – als Studienreform. Und selbst, wenn wir dann in ferner Zukunft den neuen „Über-Architekten" hätten, würde er mit noch so viel Qualifikation und Verantwortung eines schwer erreichen, daß die Bauaufträge mehr werden, es sei denn, die österreichische Gesellschaft entschlösse sich dazu, das Bauen zum Selbstzweck zu erklären. Das ist eine bösartige Fiktion. Wir sehen hier aber ein zentrales Problem für die Universität, das ihr immensen Schaden zufügen kann.

Den bereits so zahlreichen Funktionen der Universität wird eine neue zugemutet. Die Universität könnte zu einer Deponie für unlösbare gesellschaftliche Probleme werden, die hier abgelagert und symbolisch behandelt werden. Einige der Rezepte für solche Behandlungen, auf die viele bildungs- und wissenschaftspolitische Forderungen hinauslaufen, seien beispielhaft angeführt und gar nicht ironisch gemeint:

– Fehlt es den Architekten an Aufträgen, müssen sich die Architekturstudenten ein neues Berufsbild machen.

– Gerät die technische Entwicklung außer Kontrolle, müssen die Studenten an den Technischen Universitäten mehr Verantwortung für Folgen der technischen Entwicklung entwickeln.

– Gegen Umweltzerstörung helfen Studien über Umweltschutz.

– Fehlt es den Führungskräften in der Industrie an

Qualifikation, so bietet man den Studenten Lehrveranstaltungen in Menschenführung und Organisationssoziologie an.

– Zur Behebung der Schwierigkeiten der Exportwirtschaft verbessern wir die Fremdsprachenausbildung.

– Hat unserere Gesellschaft den Blick aufs ganze verloren, sollen die Ingenieurstudenten zumindest ganzheitlich denken lernen.

Vielleicht hilft ein Ausflug in die Romanliteratur ein wenig weiter. Mir fällt da „Der Name der Rose" ein.[25] Man kann dieses Buch unter anderem auch als Metapher auf die aktuelle Situation der Wissenschaft lesen. Objekt der Beschreibung sind die Vorgänge in einem Kloster des frühen 13. Jahrhunderts. Dieses ist der Ort des Treffens zweier Delegationen, die zwei Dinge aushandeln sollen: Die Neuverteilung der Herrschaft zwischen Papst und Kaiser. Damit verbunden ist eine Auseinandersetzung über differenzierte Konzeptionen eines gottgefälligen, in der heutigen Sprache: eines guten Lebens, die zwischen den Vertretern der reichen kirchlichen Orden und denen der Bettelmönche ausgetragen wird, die sich in ihrer Abhängigkeit von Almosen einer Dauerkontrolle des Volkes unterworfen haben. Die Geschichte hat mehrere Enden. Die Verhandlungen scheitern, das Kloster brennt ab und mit ihm eine der großartigsten Klosterbibliotheken ihrer Zeit. Im Zuge dieser Vorgänge wird eine Serie geheimnisvoller Vorgänge in diesem Kloster geklärt. Der Schlüssel zu den Geheimnissen scheint zuerst eine alte Prophezeiung zu sein, in der von den Zeichen die Rede ist, die die Endzeit, die vom Kommen des Antichrist bestimmt ist, beschreibt. Das erweist sich aber als Irrtum. Die Schlüssel sind die die offizielle Weltsicht und die großen heiligen Wahrheiten auf den Kopf stellenden Miniaturen und Reflexionen über die Komödie.

An diese Metapher wollen wir uns halten, wenn wir uns daran machen, eine möglicherweise in Entstehung begriffene neue Funktion der Universität zu beschreiben.

Als Ort für Ersatzhandlungen kehrt die Universität an einen ihrer Ursprünge in der europäischen Geschichte zurück. Not macht nämlich nicht nur erfinderisch. Not lehrt auch beten, so die Spruchweisheit. Damit würde die Universität auch ähnlich manchen mittelalterlichen Klöstern, in denen eine auserlesene Schar von Mönchen in Einsamkeit und Freiheit von den materiellen Sorgen dieser Welt stellvertretend für alle Welt, fastend und nach strengen Regeln lebend für die Sünden aller büßt und für das Heil der Welt betet, während sich ihre Kirchen parallel zur Akkumulation von Sünden mit den von den Herrschaften gestifteten Altären füllen, an denen sie täglich opfern. Nur die Götter sind andere geworden. Sie hätten keine Namen mehr. Sie wären Prinzipien. Die Stifter ihrer Klöster, Kirchen und Altäre begraben die Mönche in ihren Grüften. Die Architekturstudenten etwa werden stellvertretend für die Architekten den Verlust des Bauherrn betrauern. Denn das ist ja ihr eigentliches Problem.

Von Macht und Herrschaft ist in den Diskussionen über Führungskräfte und besondere Verantwortung viel die Rede. Wir werden also um das Thema „Herrschaft" nicht herumkommen. Um dieses zur Sprache zu bringen, werden wir noch einmal einen – für viele unzulässigen – Ausflug in die Geschichte machen. Gemäß Geschichtsschreibung gibt es in der europäischen Geschichte viele große Herren. Einer der größten, verehrten und häufig porträtierten ist der große Cäsar im alten Rom. Sein Name ist als Kaiser ein Geltungsbegriff für Herrscher überhaupt. Wenn es irgendein historisches Vorbild für den neuen Übermenschen gibt, er könnte es sein. Er stammte aus einem alten Adelsgeschlecht, er war einer der Gebildetsten seiner Zeit, ein hervorragender Literat, ein hervorragender Feldherr, und als Bauherr hat er sich auch bewährt. Die Römer haben ihn wegen seiner vielen Verdienste mit Ehren überhäuft, geschmückt wie einen Opferstier, wie einer seiner Zeitgenossen bemerkt hat. Tatsächlich ist er auch ermordet worden. Nun hat ein deutscher Historiker sich der Aufgabe unterworfen, die Geschichte des großen Cäsar neu zu schreiben unter der Berücksichtigung der Verhältnisse, die ihm vorgegeben waren.[26] Selbstverständlich bleibt Cäsar ein großer Mann. Das Neue an der neuen Geschichte des Cäsar ist, daß der Autor auch die Grenzen des großen Cäsar in seine Überlegungen einbezogen hat. Diese nennt er eine Krise ohne Alternative. Eine solche zeichnet sich dadurch aus, daß sich das Unbehagen zwar allgemein, aber im soziologischen Sinn nicht auf einen Nenner, das heißt zu einem politisch werdenden Interesse, entwickeln kann. In einer solchen Krise kann ein Cäsar innerhalb der bestehenden Verhältnisse ein Maximum an Gewalt entwickeln. Er war auch einer der größten Krieger der Geschichte.

Er hatte aber keine Chance, so der Historiker, Macht über die Verhältnisse zu gewinnen, vielmehr war er ein Getriebener dieser Verhältnisse. Er war von den Verhältnissen her gesehen optimal gewaltfähig, aber nicht politikfähig. So hat er sich auch vor den unerfüllbaren Aufforderungen zur Politik in immer neue Kriege geflüchtet.

Damit machen wir einen großen Sprung zurück zum Thema. Die technischen Entwicklungen könnten vielleicht zu einer nie dagewesenen Entwicklung von Gewaltpotentialen führen. Aber nichts garantierte uns, daß wir damit auch wieder Macht über die Verhältnisse gewännen. Die Universitäten würden in dieser Krise ohne Alternative zwei Funktionen ausüben. Sie würden zur Entwicklung dieser Gewalt beitragen und gleichzeitig zu einem Ort der Klage über den Verlust der Herrschaft über die Verhältnisse werden. Sie würden wie die Klöster die tote Herrschaft beherbergen und wie die Architekten den Verlut des Bauherrn beklagen. Wie es einmal zu einer Krise ohne Alternative gekommen ist, welche Rolle die Intelligenz in einer solchen spielte und wie sie zu einem schlechten Ende gebracht werden kann, können Sie selbst nachlesen.

Ich habe versucht, anhand eines konkreten Ereignisses unpräzis, assoziativ, in Bildern, die Gefahr aufzuzeigen, die Universität könnte zur Deponie von gesellschaftlichen Problemen werden, die woanders, wo sie eigentlich zu lösen wären, nicht gelöst werden. Es geht darum, sinnvolle Veränderungen der Universität und sinnvolle Aufgaben von der Behandlung abgelagerter Probleme, die an der Universität nur eine symbolische sein kann, in kritischer, politischer Sicht zu trennen.

Das Innovationsmonopol der Intelligenz als Innovationshemmnis

Überall der Ruf nach Innovationen, nach Innovationsförderung und nach Innovationspolitik. Nach der Phase der Forcierung des wissenschaftlich-technischen Fortschritts durch den Ausbau der Wissenschaftsförderung, durch die Vermehrung der Zahl der wissenschaftlich Ausgebildeten, Techniker und anderer hochqualifizierter Arbeitskräfte ist mit der Innovationsthematik die Verwertung von Wissenschaft und von wissenschaftlicher Qualifikation in den Vordergrund des Interesses gerückt. Die Nutzung der Wissenschaften soll verbessert werden. Die Probleme der Innovation sollen auch wissenschaftlich gelöst werden. Doch: Ein Thema der Wissenschaft anzubieten ist immer eine zweischneidige Sache. Gibt man der Wissenschaft einmal ein Problem, läßt sie es erfahrungsgemäß nicht mehr aus der Hand. Man ist ein Problem in gewisser Weise losgeworden, aber auf die Wissenschaft angewiesen und von ihr abhängig. Das gilt natürlich besonders für Fragen, die mit Innovation und Entwicklung zu tun haben: Denn die Wissenschaft hat Neuerungen und Innovation schon immer als ihre eigene Sache angesehen.

Viele Wissenschafter und wissenschaftlich Ausgebildete neigen dazu, der Wissenschaft eine innovative Kraft an sich zuzuschreiben, die allein geeignet wäre, die Welt zu verändern – einfach, indem sie ist. Das ist eine idealistische Auffassung, die nicht verleugnen kann, daß sie gruppenspezifisch ist. Wer würde nicht gerne den Schlüssel zum Fortschritt oder zur geschichtlichen Entwicklung für sich allein beanspruchen, ob es das Kapital, die Arbeitskraft, die Idee oder – wie die modernen Ökonomen lieber sagen – das Humankapital ist, worüber er verfügt.

Der Zusammenhang zwischen technischem Fortschritt, Innovation und Entwicklung des Bildungswesens scheint evident zu sein. Die Grundannahme ist sehr einfach, nämlich: Intelligentere Produkte und Produktionsverfahren brauchen mehr Intelligenz. In der Regel wird darunter im herkömmlichen Sinn schulisch ausgebildete Intelligenz verstanden.

Die Beschleunigung des technischen Fortschritts wird als Funktion der Ausbildung, nämlich der des Angebots an Qualifikation (an Diplomingenieuren beispielsweise), begriffen. Die Diskussion über den Technikermangel in den sechziger Jahren war von dieser Annahme geprägt. Der Technikermangel war ein maßgebliches Argument für die Begründung der Hochschulexpansion. Als einzige der damals ausgewiesenen Begründungen ist sie auch heute noch weitgehend von der Kritik, die die Bildungsexpansion erfährt, verschont geblieben, während zum Beispiel die Vorstellung, Gesellschaftswissenschafter könnten oder sollten eine entscheidende Rolle im Bereich sozialer Innovationen spielen, umstritten, für manche sogar eine Horrorvorstellung ist. Wissenschaft gilt als entscheidender Faktor des technischen Fortschritts; die Beschleunigung des Innovationsprozesses setzt daher mehr Wissenschafter und wissenschaftlich Ausgebildete voraus. Von der Ausbildungsseite her gesehen sind höhere und wissenschaftliche Bildung der zentrale Ansatzpunkt der Innovationspolitik.

Während der höheren schulischen Ausbildung also der Charakter eines wichtigen Innovationsfaktors zugeschrieben wird, wird der Zusammenhang von Innovation und Ausbildung für die Arbeitskräfte mit geringerer schulischer Qualifikation umgekehrt gesehen: Man überlegt, welche Auswirkungen der technische Fortschritt auf die Qualifikation dieser Arbeitskräfte hat.

Eine Grundlinie durchzieht Konzepte und Praxis: Den weniger qualifizierten Arbeitskräften kommt vorwiegend die passive Rolle im Innovationsprozeß zu. Aus- und Weiterbildung haben die Funktion, die Anpassungsprozesse zu erleichtern. Die Konzepte der Flexibilisierung des Bildungssystems und der lebenslangen Bildung setzen die Mehrzahl der Arbeitskräfte einem beträchtlichen Zwang zu Veränderungen aus. Jeder wird gewissermaßen sein Leben lang Rekrut. Überdies hat die Mehrzahl der Arbeitskräfte praktisch keine Möglichkeit, auf den Innovationsprozeß Einfluß zu nehmen. Aber: Kann der Fortschritt, kann Innovation immer nur von oben – oben, im Sinn der Bildungs- und Berufshierarchie – kommen? Und: Leiden wir nicht unter Mangel an Innovation?

Der Fortschritt, auch der weg vom Fortschrittsmonopol, ist in seiner Anfangsphase oft unansehnlich und gar nicht spektakulär und dort, wo der Geist ihn schon gar nicht vermutet, in den Niederungen des Wirtschaftlichen, während der „Zeitgeist“ sich der Notwendigkeit von Veränderungen noch recht wenig bewußt ist.

Die Expansion der höheren Bildung hat bei vielen die Befürchtung ausgelöst, sie würde nichtgeistige Arbeit endgültig zur Unterwertigkeit verurteilen. Tatsächlich scheint ja auch die zunehmende Automatisierung die niederen Arbeiten und die, die sie verrichten, zur Geistlosigkeit zu verurteilen und auf

Dauer sogar überflüssig zu machen. Mancher Geist, der Veränderungen nur als solche von Werten begreifen kann, meint, auch dieses Problem sei in der Welt der Werte zu lösen. Man müßte die nichtgeistige Arbeit eben nur aufwerten. Eine kleine Wertverschiebung in den Köpfen – und die Welt kommt wieder in Ordnung.

Solche Reden, so meine ich, sind nur Sonntagsreden, solange sich in der Realität nichts ändert. Sie sind nicht selten romantisch, wenn sie den Geist des Handwerks bemühen, als ob wir an der nächsten Ecke einen Schneider, Schuster oder Tischler hätten. Es zeigt sich aber in solchen Reden, daß das Problem nicht mehr einfach verdrängt werden kann. Wenn sich die darin angesprochenen Umwertungen vollziehen sollen, dann müssen sie mit der Veränderung von realen Verhältnissen verbunden sein, und zwar dort, wo heute produziert wird, und nicht, wo vorgestern produziert wurde.

Ansätze, die Innovation nicht als Angelegenheit ausschließlich einer kleinen Gruppe von hochgebildeten Fortschrittsmonopolisten begreifen, zeigen sich, so meine ich, in manchen Formen moderner Betriebsführung. Dies so zu sehen, setzt freilich einen Innovationsbegriff voraus, der Innovation nicht als etwas sieht, was von außen in die Unternehmen eingebracht wird, sondern als Leistung eines Unternehmens, und zwar nicht als eine des klassischen Einzelunternehmers, sondern als eine Gesamtleistung des Unternehmens.

Die Taylor'sche Zerteilung der Arbeit garantiert nicht mehr den entsprechenden Profit und auch nicht die Zufriedenheit der Arbeitenden. Josef Schumpeters „dynamischer Unternehmer" ist eine Rarität. Er soll das Durchsetzen neuer Kombinationen schaffen, neue Güter, neue Qualitäten herstellen, neue Produktionsmethoden finden, neue Absatzmärkte auftreiben, neue Bezugsquellen für Rohstoffe suchen, Energie sparen, neue Organisationsformen durchsetzen. Die traditionelle Form der betrieblichen Organisation schafft dies nicht. In fast jeder Nummer der Managementzeitschriften lesen wir die Forderung: Ausweitung des Informations- und Entscheidungsspielraums für alle und damit die Mobilisierung des vorhandenen Innovationspotentials nützen! Aber Entscheidungskompetenz ohne Qualifikation führt zu Fehlentscheidungen, Qualifikation ohne Kompetenz zu Frustration, Verantwortung ohne Kompetenz zu Druck und Angst, und Kompetenz ohne Verantwortung ist eine stetige Herausforderung zum Machtmißbrauch.

Man muß fragen, warum Berichte über die Betriebsorganisation in japanischen Unternehmen, die so eindrucksvoll erfolgreich sind, selbstverständlich den höheren Grad der Automation hervorheben, die Stückkostengünstigkeit betonen, warum sie vor allem die Disziplin der Arbeiter hervorheben, und warum sie weniger die hohe Qualität dieser Produkte bejubeln, und vor allem warum sie nicht die Gründe für die höherliegende Qualität und für das entscheidend höhere Innovationstempo analysieren. Im Modell erfolgreicher japanischer Unternehmen kann die Mehrzahl der Arbeitskräfte die passive Rolle der Umzuschulenden, die mit dem Fortschritt mitkommen sollen, durch ihre Einbeziehung in den Innovationsprozeß selbst korrigieren. Die Arbeitskräfte sind qualifizierter und kreativer.

Der Lernprozeß soll mit dem Innovationsprozeß erfolgen. Innovation ist Gegenstand und Ziel des Lernprozesses gleichzeitig. Innovation bedeutet in Organisation und auch im Gegenstand, nämlich der Durchsetzung neuen Wissens im ökonomischen System, einen sozialen Prozeß – das ist das Entscheidende –, in dem Führungsansprüche zugunsten des kollektiven Lernens zurücktreten sollen. Der Ausbildungsprozeß für viele erfolgt am Ort der Arbeit, nicht – jedenfalls nicht ausschließlich – in der vom Ort der Arbeit abgehobenen Sondersituation der Schule.

Die wissenschaftliche Sichtweise – sie ist die typische der Schule – erfaßt nicht alle Aspekte der Realität. Wissenschaftliche Rationalität hat ihren spezifischen Anwendungsbereich – und nur diesen. Darüber hinaus ist ein Grundverständnis der der Praxis eigenen Regeln erforderlich, die man schulisch normalerweise nicht lernt, die sich von denen der Wissenschaft unterscheiden, und auch das Wissen darum, daß die wissenschaftliche Lösung eines Problems noch keine praktische sein muß. Die Realität ist fast immer komplexer als das schönste wissenschaftliche Modell. Wenn dies nicht berücksichtigt wird, und beispielsweise realitätsferne, weil notwendigerweise stark vereinfachte, akademische Modelle tatsächlich in die Praxis umgesetzt werden, kann dies sehr negative Folgen haben. Wichtig ist, Wissen auf seine außerwissenschaftliche Relevanz hin zu beurteilen.

Dies bedeutet nicht nur Wissen um die Probleme der Praxis, sondern auch bestimmte Haltungen und Einstellungen. Wichtig ist die Anerkennung der eigenen Grenzen und die Respektierung von Erfahrungswissen, das aus der Sicht der wissenschaftlich Gebildeten allzuhäufig als zweit- oder drittrangig angesehen wird. Theoretische und praktische Vernunft müssen sich aber gegenseitig ergänzen und dürfen so oder so in keinem Herrschaftsverhältnis zueinander stehen. Kommunikationsfähigkeit und Kommunikationsbereitschaft sind dazu unabdingbare Voraussetzungen.

Dieses Prinzip wäre nicht nur im Bereich der Produktion anzuwenden. Mit seiner Durchsetzung würden vermutlich auch jene Erfahrungen anfallen, die es ermöglichen, für das Problem der Trennung in Hand- und Kopfarbeit, der Gebildeten und Ungebildeten allmählich eine Lösung zu finden, die gleichzeitig geeignet ist, die Unfähigkeit der Technokratie zu Basisinnovation zu überwinden.

Geheimnisse der Elitenbildung

gemeinsam mit Walter Steinbacher

Seit einigen Jahren ist „Elite" in der Hochschulpolitik wieder ein besonderes Thema. Was hierzulande dazu gesagt und propagiert wird, ist im wesentlichen Import aus Deutschland. Ähnlich wie andere bildungspolitische Themen wurde es ebenfalls mit zeitlicher Verzögerung auch in Österreich aufgegriffen. In Deutschland ging der Anstoß dazu von einer Empfehlung des Wissenschaftsrates zur „Elitenbildung" aus,[27] die unter den zahlreichen Veröffentlichungen des Wissenschaftsrates sicher nicht – um den einschlägigen Jargon zu benutzen – zu dessen leistungsstarken Arbeiten gehört. Ähnliches gilt in gewisser Weise auch für die daran anschließende öffentliche Diskussion. Bescheiden war auch die Umsetzung in konkrete hochschulpolitische Maßnahmen, ein bißchen Deklarationsgesetzgebung und Verbesserungen im Bereich der Begabtenförderung, die auch ohne die damit verbundenen pompösen Beschwörungen möglich gewesen wären. „Hinter dem Geschwätz über eine neue Elite verbirgt sich viel Ratlosigkeit", hat – fünf Jahre dieses Disputes resümierend – 1985 G. Hoffmann in einem Leitartikel der „Zeit" geschrieben. „Wo die alten wirtschaftlichen Erfolgsrezepte versagen . . . erscheinen die außergewöhnlich Begabten als Ausweg in der Not."[28] In der österreichischen Rezeption ist diese Ratlosigkeit verdichtet in

Beschwörungsformeln noch stärker merkbar: „Und hören wir endlich auf, den Elitebegriff an sich zu verteufeln ... kein Land schämt sich dafür, daß das Bessere, wenn schon nicht der Feind, so jedenfalls der überlegene Partner des Guten ist. Hierzulande findet man nur dann nichts an gezielter Elitenzucht ...".[29] Da verrät schon die Sprache, hier ist ein exorzierender Chorherr am Werk.

Manchmal kommt einem die Vermutung, der für die zeitgenössischen Elitekonzepte zentrale Begabungsbegriff hätte metaphysischen Charakter. Das macht eine rationale Diskussion sehr schwierig. Tatsächlich ist die Auseinandersetzung, ob Elite- oder Massenuniversität, in jeder Hinsicht recht unergiebig und eine Diskussion ohne Handlungsalternative. Die, das Rad der Universitätsgeschichte zurückzudrehen, ist keine. Wäre es möglich, stellte sich die Frage: Wohin? Die Vorstellung von der ursprünglichen Eliteuniversität ist ein Mythos und die von einer Entwicklung von der Eliteuniversität zur Massenuniversität eine Zeitungsente der letzten zwanzig Jahre, der das akademische Publikum massenhaft aufgesessen ist. Die Universitäten haben im Laufe ihrer Geschichte viele und zum Teil wechselnde Funktionen erfüllt, aber sie waren in ihrer Gesamtheit und in ihrer dominanten Funktion keine Eliteeinrichtungen. Das gilt sowohl hinsichtlich ihrer gesellschaftlichen Funktion[30] als auch hinsichtlich ihrer Produkte; es sei denn, man ringt sich zur Überzeugung durch, den Hochschulabsolventen der letzten sechshundert Jahre einschließlich der Akademiker von heute: Ärzte, Lehrer, Beamten, Wissenschafter, Theologen, Notare, Steuerberater und so weiter, pauschal und ohne Ansehen der Person und der Leistung den Status einer Macht- und/oder Leistungselite zuzuschreiben.

Eine Funktion, die die Universitäten allerdings fast immer erfüllt haben, war – in der Sprache der Elitetheorie – die Ausbildung von „Subeliten". Sie stellt bereits in ihrer Frühzeit für die Vorläuferformen[31] und bis heute für eine voll entwickelte Staatsbürokratie den Nachwuchs für höhere Positionen und seit dem 19. Jahrhundert auch für die in mehrfacher Hinsicht die staatliche Verwaltung nachahmende Industrieverwaltung ebenso wie für sonstige private und öffentliche Großorganisationen.

Die Geschichte der Universität ist in einer ihrer Hauptfunktionen daher untrennbar mit der Entstehung und allmählichen Verbreitung profaner hierarchisch-bürokratischer Organisation verbunden. Sie ist von dieser Funktion auch entscheidend geprägt, zum Beispiel in ihrer Eigenschaft als „Wissenschaftsverwaltung", in der die Universitätslehrer die Rolle eines „Bürokraten des Bildungsgutes"[32] spielen. Insofern hatte und hat die Universität auch immer – auch im Protest – ein besonderes Naheverhältnis zum Thron,[33] zu Kapital und Macht. Sie hat aber nur in Ausnahmefällen den Zugang zur jeweils herrschenden Klasse eröffnet. Obwohl die Universitäten keine Eliteeinrichtungen waren, haben sie trotzdem elitäres Bewußtsein produziert. Dies nicht nur wegen ihrer Nähe zur Macht, sondern weil ihre innere Organisation und äußere Verfassung die Entwicklung von Elitemodellen begünstigen.

Das Elitemodell ist vor allem in der Gegenüberstellung von Elite und Masse ein sehr einfaches Modell sozialer Organisationen. Es kann daher in etwas differenzierten Gesellschaften allenfalls in gesellschaftlichen Nischen als realisierbar und praktikabel überleben. Eine dieser Nischen ist die traditionelle Form von Schule. In dieser steht tatsächlich eine kleine Gruppe von Wissenden einer von der Qualität sozialer Organisation her sich primär als Masse konstituierenden vergleichsweise großen Zahl von Schülern/Studenten gegenüber, die im Lehr-, Lern- und Prüfungsprozeß als isolierte einzelne nur im Bezug zur „Wissenselite" zu agieren gezwungen sind. Über diese Masse übt der Lehrer mittels Prüfungsgewalt eine sehr weitgehende Macht aus. Dieser Umstand wäre aber allein noch nicht ausreichend.

Gerade den Universitäten fehlt aufgrund ihrer speziellen sozialen Situation weitgehend der Zugang zu außerschulischer Erfahrung, und dies in einem zentralen Punkt. Was immer die Universität Positives wie Negatives leistet, ist im außeruniversitären Verwertungsprozeß überformt und verändert, ihr im konkreten nicht zuschreibbar und auch nicht erfahrbar. Sie ist daher gezwungen, Selbsterfahrung und Identität vor allem aus ihrer Innenerfahrung zu gewinnen. Elitäres Bewußtsein ist also zuerst einmal ein vom Schul- und Hochschulalltag geprägter Identitätsersatz, vor allem für „Lehrer, die nicht aus der Schule gekommen sind". Aus der Verallgemeinerung der alltäglichen Schulerfahrung entwickelt sich so ein Bewußtsein, das aus einer sehr speziellen Qualifikation für einen sehr begrenzten sozialen Raum eine umfassende und prinzipielle Überlegenheit über den großen Rest der Menschen ableitet. „Die Meister lehren nicht, um nützlich zu sein, sondern um Rabbi, d. h. Herren, genannt zu werden."[34] Als solche vermitteln sie, durch eine analoge Schulerfahrung gestützt, die Pose auch den Studenten. Die verbreiten sie im außerschulischen Raum. Vor allem die bürokratischen Organisationen mit ihren Exekutivrollen auch in den höchsten Rängen werfen ähnliche Probleme der Identitätsbildung auf. Indem Bürokratien in zunehmendem Maß und immer ausschließlicher Bildungszertifikate zur Legitimation hierarchischer

Organisation nutzen, stützen sie auch ein auf Wissensbesitz sich gründendes Bewußtsein ab. Die Universität betreibt so zwar nicht „Elitenbildung", trägt aber im Nebeneffekt zur Heranbildung und ständigen Neubelebung einer Identitätselite bei, die sich in der Regel durch eine Überidentifikation mit der (den) herrschenden sozialen Schicht(en) und meist einer sehr rigiden Abgrenzung gegenüber den unteren sozialen Schichten selbst auszeichnet.[35] Das heißt wiederum: Elitäres Bewußtsein und eine damit verbundene ganz spezielle Sichtweise von Gesellschaft ist genau das, was zur Zeit sie gerade nicht zu sein vorgibt, nämlich eine Bürokratenideologie.[36] Als solche hat sich erstens durch die seit mehr als einem Jahrhundert zu konstatierende Expansion der Universitäten und zweitens durch die Ausdifferenzierung und Diffusion bürokratischer Organisation im öffentlichen und privaten Sektor immer mehr Basis gewonnen. Als Ideologie spiegelt sie – zwar verzerrt – auch die soziale Lage des klassischen höheren Angestellten und Beamten wider, der „symbolischen Klasse",[37] der „freischwebenden Intelligenz", „Eines Mannes ohne Klasse",[38] der zu(r) Gesellschaft nur durch Anschluß an eine der sogenannten organisierten gesellschaftlichen Gruppierung kommen kann.

In der Anpassung an das außerschulische Wertsystem erfährt das elitäre Selbstbild aber eine wesentliche Transformation: Von dem, der allein weiß, zu dem, der in der zeitgenössischen Form allein noch etwas weiterbringt, dem Macher, den „Motoren der Gesellschaft",[39] die die Arbeit tun. Man will Elite sein, allerdings ohne das im außerschulischen Raum negativ besetzte Odium des Elitären, das in Verdrängung der Herkunft elitären Bewußtseins allein einer Randgruppe der Intelligenz, den Intellektuellen zugeschrieben wird, die heimlich und heimtückisch nach der Macht gieren.[40] Schon gar nicht aber darf Elite zur Zeit mit dem Odium des Bürokratischen behaftet sein.

Was nach soviel Ausgrenzungen noch übrigbleibt, ist ein Rätsel; jedenfalls eine Welt, in der nicht das Sein, sondern das Außer-Sich-Sein das Bewußtsein bestimmt. So ergibt sich die kuriose Situation, daß eine zwanzig Jahre in Schulpflicht genommene und dann unter Befehl/Sachzwang gekommene Identitätselite, um bei Bewußtsein zu bleiben, sich unter keinen Umständen der Herkunft ihres Bewußtseins bewußt werden darf. Die große Black-box zwischen Reiz und Reaktion muß geschlossen bleiben.[41] Eine solche Identitätselite mußte fast notwendigerweise auf die Öffnung der höheren Schulen und Universitäten geradezu allergisch reagieren. Nicht nur, weil Standesinteressen gefährdet sind, sondern weil die sogenannte Massenuniversität die im elitären Selbstverständnis ausgegrenzte negative Kehrseite der Universität und nicht nur die der Universität offenlegt und nicht nur das Selbstverständnis der Universität, sondern auch der ganzen akademischen Subkultur ernsthaft in Frage stellt. Der Blick von der Höhe des Ideal-Ich hinunter in die Niederungen des Negativ-Ich muß offenbar einen Schock auslösen, wenn bereits einer der Massentheoretiker der Zwischenkriegszeit „im Wissenschafter das Urbild des Massenmenschen“[42] gesehen hat und den Prototypen des „neuen Barbaren“ im wissenschaftlichen Spezialisten, der aufgrund seiner beschränkten speziellen Kompetenz sich „in allen Fragen, von denen er nichts versteht, mit der ganzen Anmaßung eines Mannes aufführen wird, der in seinem Spezialgebiet eine Autorität ist“.[43] Max Weber, der sich ein ganzes Leben lang mit dieser Problematik herumgeschlagen hat, hat ähnlich im „Fachmenschen“ und „Ressortpatrioten“ das eigentliche Verhängnis der Moderne vermutet.[44]

Tatsächlich ist aber die akademische Welt, auch als Ganzes gesehen, nur ein kleiner Teil der Welt, und was die sogenannte Massenuniversität zu Tage gebracht hat, ist aufs erste einmal nur ein Verhängnis für das Selbstverständnis einer Identitätselite, die im Arbeitsalltag Elite nur beschränkt praktizieren kann. Keine komplexe Organisation würde auf Dauer funktionsfähig bleiben, wenn die Inhaber höherer Positionen ein die negativen Aspekte des Lehrer/Schüler-Verhältnisses verallgemeinerndes Modell sozialen Verhaltens voll realisieren würden. Praktiziertes elitäres Bewußtsein und praktizierte elitäre Ideologie waren daher bisher, insofern sich ihr Potential nur punktuell und nicht generell entfalten konnte, mehr eine Sonn- und Feiertagssache, in der in symbolischen Ausgrenzungsritualen eine am Alltag sich beschädigende Identität wiederhergestellt wird.

Nun wäre es natürlich möglich, in mehr oder weniger panischer Flucht vor der grauslichen Kehrseite der Elite durch bildungspolitische Maßnahmen einer in ihrem Selbstverständnis bedrohten Identitätselite wieder etwas Halt zu geben und zum Beispiel Eliteuniversitäten zu errichten. Das ist mit viel Geld und durch eine rigide Auswahl von Universitätslehrern durchaus machbar. Aufs erste kann damit an außerschulischen Effekten einmal nicht sehr viel mehr erreicht werden, als eine Differenzierung und Perfektionierung des Vorbildungsprinzips der staatlichen Verwaltung, die es den Großorganisationen ermöglicht, die mit der Rekrutierung von Führungskräften verbundenen Legitimationsprobleme und Konflikte auf das Bildungssystem abzuwälzen. Erreichen kann man mit Eliteuniversitäten auch, einer kleinen

Gruppe von Hochschulabsolventen einen Zugang zu Führungspositionen zu sichern, der nicht mit dem Nachweis außerschulischer Leistung verbunden ist. Die Frage ist nur, ob diese konsequente Fortsetzung des Weges zur Verschulung sozialer und gesellschaftlicher Probleme nicht die finanziellen Möglichkeiten und Steuerungskapazitäten des Staates übersteigt.

Bei näherem Hinsehen versteht man die derzeitige Renaissance von Eliteideologien nicht nur als eine Reaktion auf die Massenuniversität. Die neuen Eliteideologien unterscheiden sich nämlich in einem fundamental von den Feierabendveranstaltungen einer Identitätselite. Sie beanspruchen durchgehend, nicht nur eine Allerweltsformel zur Erklärung von Wirtschaft und Gesellschaft zu liefern, sondern auch noch Praxisbezug. Relative Uneinigkeit herrscht nur darüber, wie und wo die „neuen Helden" der Führung, der Innovation, der Leistung und des Unternehmens in ihrem unbändigen „Willen zur Macht" und unter Zurücklassung ihrer bisherigen „Herdenmoral" aus ihrem pränatalen Zustand zur Lebenswelt kommen sollen:

– aus der Emanzipation vom jüdisch-christlichen Erbe des Abendlandes[45]
– oder im Gegenstück dazu aus der Tiefe der wiedererwachenden christlichen, russischen Seele,[46]
– aus dem Glauben an die Elitetheorien eines Hochschulprofessors[47]
– und aus dem Glauben an die immerschondagewesene und immerdaseiende Ungleichheit,[48]
– aus der Maschinerie der allgegenwärtig und allwissend werdenden Informationstechnologie[49] oder prosaischer:
– aus den Business Schools,
– aus der fachübergreifenden Lehre der Technischen Universitäten, die uns den neuen Über-Akademiker beschert hat.[50]

So viel Heilserwartung vermag eine Universitätskrise allein nicht auszulösen. Der Hintergrund ist vermutlich in der tatsächlich nicht nur durch Technikskepsis, Bürokratie- und Wissenschaftskritik immer prekärer werdenden Rolle der „wissenschaftlich-technischen Intelligenz" zu suchen. Am deutlichsten wird dies zur Zeit vielleicht am Beispiel der Industriebürokratie, die im Zuge des Übergangs vom klassischen Unternehmerkapitalismus zu einem Managerkapitalismus zwar neue Funktionen übernehmen muß, ihre soziale Lage aber nicht entscheidend ändern kann und noch wichtiger, die entsprechende gesellschaftliche und politische Rolle zu übernehmen eben nicht in dieser Lage ist. Der Manager befindet sich in der Situation des „Erben", der dazu verurteilt ist, „den anderen darzustellen, d. h. nicht der andere und auch nicht er selbst zu sein",[51] und in der Situation eines „Überlebenden".[52] „Wenn in der Welt ein Herrscher abtritt, ist die erste Folge davon, daß die Zurückbleibenden ... ohne ... Programm dastehen."[53] In einer vergleichsweise ähnlichen Situation dürften sich wohl größere Teile der Intelligenz einschließlich der Ideologieproduzenten befinden.

Das mag nicht nur eine Identitätskrise, sondern auch eine Art Intelligenzhemmung ausgelöst haben, die noch durch eine zunehmende Unklarheit darüber verschärft wird, wie denn die einst so reine Wissenschaft auf einmal zu so ungeratenen Kindern kommt. Anders ist nicht zu erklären, warum zum Beispiel ein sonst bisher durch Überdurchschnittliches sich auszeichnender Soziologieprofessor die Auffassung vertritt, Gesellschaft ließe sich nach einem Prinzip organisieren, das die soziale Welt in eine kleine Elite von „erfolgreichen, sozial aktiven und loyalen" Personen teilt und in eine sehr große „Nicht-Elite" von „sozial inaktiven, erfolglosen und unzuverlässigen“ Personen.[54] Da verwundert schon gar nicht mehr, wenn zum Beispiel zwei Autoren zu der Meinung kommen, der Elite fehlte zu ihrer endgültigen Elitewerdung nur ihrer beider Elitetheorie, an die die Elite nur ganz fest glauben müsse. Falls eine Elite um Vernunft und/oder Einfluß kommt, liegt das an Juden, Asiaten, Schwarzen und an der Frauenbewegung.[55]

Dieser Zustand geistiger Verwirrung sollte nicht allzu lang anhalten. Sonst bliebe uns tatsächlich nur die Erwartung, ein besonders schlauer Hund von Baskerville fände tatsächlich, bevor die labyrinthisch gewordene Bibliothek abbrennt, den verschollenen Teil der Poetik des Aristoteles. Dann könnten wir über diese Komödie zwar noch nicht lachen, aber wir könnten uns zumindest belehrt und gelehrt über sie unterhalten.

Fach-Hochschulen: Nicht Universität, nicht Schule

gemeinsam mit Elsa Gundacker-Hackl

Das Arbeitsprogramm der Bundesregierung 1990 sieht zur Anpassung des österreichischen berufsbildenden Bildungssystems an den europäischen Standard und zur Ergänzung und Entlastung der Universitäten die Schaffung berufsorientierter postsekundärer Ausbildungswege vor. Damit sollen neben die traditionellen Studiengänge der Universitäten neue postsekundäre Angebote treten und in Österreich der Prozeß des Up-grading beziehungsweise der Schaffung neuer Bildungsinstitutionen, die in fast allen OECD-Staaten in den sechziger und siebziger Jahren die Bildungsexpansion begleiteten, nachvollzogen werden.

Die Debatte um eine Diversifikation des Postsekundarbereiches ist in Österreich nicht neu. Im Zuge der Ausweitung des Zuganges zur höheren Bildung wurden vor rund zwanzig Jahren bereits Strukturreformen des Bildungssystems überlegt. In Form der Pädagogischen Akademien und der Sozialakademien folgte man dem internationalen Trend des Up-gradings und verlagerte die Ausbildung der Pflichtschullehrer und der Sozialarbeiter von der sekundären auf die postsekundäre Ebene. Für die gehobene Berufsausbildung wurde von einem Beamten des Unterrichtsministeriums ein vergleichbares Reformkonzept, der heute vielzitierte „Partisch-Plan“, entwickelt.

Dieser sah eine Reform des Bereiches der berufsbildenden höheren Schulen, insbesondere der Ingenieurausbildung, vor. Die Dauer der Ausbildung an höheren technischen Lehranstalten sollte auf vier Jahre verkürzt und ihr Curriculum von berufsbildenden Inhalten entlastet werden. Letztere sollten nach der Matura in postsekundären Einrichtungen, den sogenannten „Akademien", vermittelt werden. Damals wie heute wurde beziehungsweise wird für ein Up-grading der beruflichen Sekundarschulen und für eine Diversifikation des tertiären Bereiches eine Reihe von Gründen angeführt:

– Die Ausbildung ist anspruchsvoller geworden, dadurch verlängere sich ihre Gesamtdauer.

– Immer mehr Berufstätigkeiten verlangten eine höhere Ausbildung: Diese als „Akademisierung von Berufen" umschriebene Tatsache impliziert, daß die Studenten hinsichtlich ihrer beruflichen Ziele, Interessen und Motive sehr heterogen sind. Eine am Beruf des Forschers, bestenfalls noch an den klassischen Professionen orientierte Universität kommt der geänderten Nachfrage nicht nach, sondern begegnet der Heterogenität emotionell mit dem Argument des Niveauverfalls.

– Der gestiegene Zugang zur höheren Bildung ist keine vorübergehende Erscheinung, sondern eine Folge der Verwissenschaftlichung der Welt.

– Die traditionellen akademischen Studien eignen sich nicht, der gestiegenen Bildungsnachfrage und dem Bedarf nach hochwertiger beruflicher Ausbildung ausreichend zu begegnen: Sie reagieren zu langsam auf Veränderungen, sind zu lange und zu teuer.

Der „Partisch-Plan" scheiterte. Nach anfänglichem Wohlwollen wurde er von allen maßgeblichen Kräften abgelehnt: Die Unternehmervertreter brachten vor, daß die berufsbildenden Schulen, wie sie sind, dem Qualifikationsbedarf und der Lohnkostenstruktur der Betriebe entsprechen. Die Arbeitnehmervertreter befürchteten, die sozialen Aufsteiger könnten in eine zweite Kategorie von Hochschulen abgedrängt werden. Der Schulbereich meinte, daß ein vorbildliches berufsbildendes Schulwesen wie das österreichische nicht durch Reformen lädiert werden dürfe. Seitens der Universitäten wurde die Monopolstellung im Postsekundarbereich verteidigt und die Ansicht vertreten, daß die Universitäten auch einer zunehmenden Bildungsbeteiligung durch universitäre Studienangebote (Diplomstudien und Kurzstudien) begegnen könnten.

Diese Argumente wurden seitens Österreichs wiederholt, als die OECD kurz nach dem Scheitern des „Partisch-Planes" das höhere Bildungswesen einer Prüfung unterzog und eine Diversifikation des Postsekundarbereiches – analog zu den Entwicklungen in den anderen Staaten – zur Debatte stellte. Nach fünfzehn Jahren, Ende der achtziger Jahre, wurde die Schaffung eines nichtuniversitären Postsekundarbereiches neuerlich zum Thema der bildungspolitischen Diskussion. Im wesentlichen werden drei Gründe diskutiert:

– Die europäische Integration und die Bemühungen Österreichs um einen EG-Beitritt: Da die höhere berufliche Ausbildung in den EG-Staaten in postsekundären Einrichtungen erfolgt, die berufsbildenden höheren Schulen aber dem Sekundarbereich zuzuordnen sind, wird ein Wettbewerbsnachteil der österreichischen Absolventen am europäischen Arbeitsmarkt befürchtet. Das Argument der erforderlichen Kompatibilität mit den EG-Richtlinien erzeugt Reformdruck. Darüber hinaus besitzt in Österreich „Internationalität" große Legitimationskraft. Dies ist wesentlich, da aus verschiedenen Gründen der Bildungsbereich in Österreich, wie das Schicksal des „Partisch-Planes" zeigt, sehr veränderungsresistent ist.

– Der Zugang zur Universität war stärker, als die Gegner des „Partisch-Planes" angenommen hatten, und konnte auch nicht durch die höheren berufsbildenden Lehranstalten gebremst werden. Zwar gelang es, die Schülerströme von den allgemeinbildenden zu den berufsbildenden höheren Schulen umzuleiten, sodaß heute mehr Maturanten aus den berufsbildenden höheren Schulen als aus den allgemeinbildenden kommen, doch brachte dies den Universitäten keine Entlastung. Ein immer höherer Prozentsatz der Maturanten von berufsbildenden höheren Schulen, zur Zeit sind es rund vierzig Prozent, tritt nämlich an die Universität über. Der studienverbreitende Charakter der berufsbildenden höheren Schulen ist bei den heutigen Übertrittsraten bereits ebenso bedeutend wie ihr berufsbildender.

– Den gestiegenen Studentenzahlen wurde an den Universitäten nicht – wie von den Gegnern des „Partisch-Planes" angekündigt – durch ein differenziertes Studienangebot (damals wurde von den Universitäten insbesonders auf den Ausbau der Kurzstudien hingewiesen) begegnet. Akademische Langzeitstudien, die sich an der Ausbildung zum Forscher orientieren, bestimmen das Bild. Die Diskrepanz zwischen einem Langzeitstudienangebot und einer nach Studienzielen und Studienmotiven heterogenen Studentenschaft ist ein Grund für Frustration und für eine hohe Drop-out-Rate.

Ein Argument gegen eine Diversifikation des Postsekundarbereiches und für ein einheitliches Hochschulsystem ist auch heute die Sicherung von Gleichheit. Es wird nämlich befürchtet, daß bei einem differenzierten System die sozial Schwächeren in den weniger prestigeträchtigen Teil, seien es Kurzstudien oder nichtuniversitäre Einrichtungen, verdrängt werden. Aber: Angesichts einer Drop-out-Rate von etwa fünfzig Prozent und nicht wenigen Studien ohne Berufe außerhalb des Wissenschaftsbereiches wird fraglich, ob unser einheitliches Hochschulsystem dem Gleichheitsgedanken gerecht wird.

Ohne die Phase der Konzeptentwicklung und die erforderliche Konzeptdiskussion abkürzen oder vorwegnehmen zu wollen, stelle ich dreizehn Punkte zur Diskussion, die ich – mit Blick auf die Besonderheiten der Entwicklungen der österreichischen Bildungsinstitutionen – für wichtig halte.

1. Nicht sinnvoll wäre die Entwicklung einer „Schmalspuruniversität", also einer Einrichtung, die im Grunde dasselbe will wie die Universität, nur auf eine weniger anspruchsvolle Weise. Der nichtuniversitäre Sektor muß Stärken entwickeln, die die Universität nicht besitzt. Nur mit einem eigenständigen Profil wird er selbstbewußt gegenüber den Universitäten auftreten können und sich für Studieninteressenten als attraktive Alternative darstellen beziehungsweise von diesen nicht generell als Einrichtung zweiter Wahl betrachtet werden. Die neuen Einrichtungen sollen nur in Bereichen erfolgen, für die es bereits heute oder in absehbarer Zeit Nachfrage gibt. Die berufsbildenden höheren Schulen, die nach wie vor gut im Markt liegen, müssen bleiben. Die allgemeine modische Behauptung mangelnder Europareife genügt nicht.

2. Naheliegend wäre folgende Aufgabenteilung: Der nichtuniversitäre Bereich ausbildungszentriert, mit klarer Priorität bei der Lehre, was nicht bedeutet, daß der Lehrkörper keine Forschung betreibt oder daß Studenten grundsätzlich nicht in die Forschung einbezogen sein sollen; die Forschungsaufgaben wä-

ren aber eingeschränkt und vor allem auf die Hebung der Ausbildungsqualität bezogen.
Die Universitäten mit engem Zusammenhang zwischen Forschung und Lehre, wobei sie diesem Anspruch – der gegenwärtig dort und da auch reine Fiktion ist – durch Auslagerung bestimmter Lehraufgaben in den nichtuniversitären Sektor eher gerecht werden können. Im Verhältnis der beiden Bereiche sollte nicht das Qualitätsgefälle (anspruchsvoll versus weniger anspruchsvoll, Elite versus Masseninstitution), sondern der Gesichtspunkt der Aufgabendifferenzierung im Vordergrund stehen.

3. Wenn der nichtuniversitäre Sektor erfolgreich mit den Universitäten konkurrieren soll, darf Praxisorientierung allerdings nicht heißen: Unterordnung unter betriebliche Erfordernisse, sondern „Problemorientierung" im Gegensatz zu „Disziplinorientierung". Sofern die Autonomie der Lehre gewahrt bleibt, wäre ein intensiver Kontakt zu betrieblicher Praxis – unter Umständen auch in Form dualer Modelle – vorteilhaft. Innerhalb des nichtuniversitären Sektors könnte er leichter realisiert werden als an den Universitäten, bei denen aufgrund der starken Forschungsorientierung immer die Disziplin im Vordergrund steht. Für Studenten ohne Forschungsambitionen könnte der nichtuniversitäre Sektor also Ausbildungsgänge anbieten, die kürzer sind, mit größeren Erfolgschancen absolviert werden können und in bestimmten Bereichen auch bessere Berufschancen eröffnen als die universitären Angebote.

4. Organisation: Sowohl im Universitätsbereich als auch im Schulbereich zeichnen sich die Grenzen zentralistischer Steuerung ab. In beiden Bereichen ist die Übertragung von mehr Entscheidungsfreiheit und Verantwortlichkeit auf die einzelnen Organisationen im Gange. Die zu schaffenden Einrichtun-

gen dürfen nicht hinter diesem Trend zurückbleiben, sondern sollten, da ihre Organisation nicht umgestaltet werden muß, sondern neu gestaltet werden kann, die Entwicklung unkonventioneller Organisationsformen fördern.

5. Die Curricula der neuen Fachhochschulen hätten stärkere Strukturen, eine intensivere Betreuung, mehr reale Verantwortlichkeit der Lehrenden für die Lehre. Dies wird unter dem Schlagwort „Verschulung“ häufig negativ bewertet. „Offenheit“ und „Strukturiertheit“ des Curriculums sind aber mehrschichtige Begriffe. Eine offene Lernsituation bietet einerseits günstige Voraussetzungen und ist zur Entfaltung kreativer Potentiale unentbehrlich. Ein Teil der Studenten wird von solchen Lernarrangements jedoch häufig überfordert. Für Studenten, denen die Motivation und die Arbeitstechniken fehlen, um lange Arbeitsphasen eigenständig zu gestalten, ist eine striktere Strukturierung des Curriculums eine bedeutende Hilfestellung. Auf der anderen Seite besteht bei zu weitgehender Verschulung die Gefahr, daß die Lernmotivation völlig ausgetrocknet wird und daß autonome Arbeitstechniken nicht entwickelt werden. Wesentlich ist also eine geeignete Kombination „offener“ und „strukturierter“ Phasen.

6. Sowohl die Universitätsstudien als auch die Lehrpläne der schulischen Einrichtungen zeichnen sich dadurch aus, daß sie den Bildungsinstitutionen detailliert vorgegeben sind. Die kommunikative Auseinandersetzung des Lehrkörpers über die Gestaltung der Studien- und Unterrichtsprogramme ist daher sehr eingeschränkt, damit auch die Verantwortung der Lehrer für die Lehre. Dem Trend zu mehr Verantwortung für die Lehre sollen auch die neuen postsekundären Angebote entsprechen.

7. Sowohl von den Universitäten als auch von den Schulen wird seit Jahren mehr Praxisbezug gefordert. Beide Einrichtungen tun sich schwer mit dieser Forderung und schwanken zwischen übermäßiger Distanz und übermäßiger Anpassung. Ein adäquates Reagieren auf Veränderungen des Beschäftigungssystems ist bislang wenig gelungen. Die neuen Einrichtungen stehen, gerade weil sie explizit berufliche Qualifikationen vermitteln sollen, vor der Herausforderung, genau zu definieren, was dabei die Aufgabe des Bildungssystems sein kann, und was betriebliche Aus- und Weiterbildung zu leisten hat.

Die neuen berufsbildenden Einrichtungen sollen auch Weiterbildungsstätten sein. Die besonderen Erfordernisse der Studenten, die ihre Berufstätigkeit nicht oder nicht ganz aufgeben, müssen konsequent beachtet werden.

8. Neben dem Praxisbezug wird von den zu schaffenden Angeboten ein stärkerer Regionalbezug erwartet. Eine an den Erfordernissen der Betriebe der Region orientierte Ausbildung darf aber nicht zum Hemmnis für die Mobilität der Arbeitskräfte werden, sonst könnten wir uns wohl erst recht Überlegungen zur EG-Kompatibilität ersparen.

9. Ein Monopol des Bundes als Träger und Erhalter der neuen Fachhochschulen/Fachakademien ist nicht zweckmäßig. Bundesländer, Städte, auch Private, Joint Ventures kommen in Frage. Erforderlich sind bundesgesetzliche Regelungen, aufgrund derer die Studien und Diplome anerkannt und Finanzierung, Organisation, Studium evaluiert werden sollen.

10. Im Gegensatz zu den Universitäten sollen die neuen Hochschuleinrichtungen die Lehre nicht als Appendix der Forschung behandeln. Sie können nicht die Gewichtung von Forschung und Lehre an

den Universitäten bei der Bestellung und beim Arbeitspensum vom Lehrpersonal kopieren. Als hochqualifizierte Praktiker müssen die Absolventen aber jene Einsicht in die Struktur und in die Dynamik der Forschung aufweisen, die eine Kommunikation mit dieser ermöglicht.

11. Zugelassen werden Maturanten und vor allem Absolventen einer Berufsausbildung ohne Matura, die einige Ergänzungen im nicht-berufsbildenden Bereich nachholen müssen. Die Durchlässigkeit zwischen den Fach-Hochschulen und den traditionellen Universitäten muß in beiden Richtungen gegeben sein, nicht als eine für die Studierenden unkalkulierbare, mögliche Anrechnung beim Überwechseln – dies würde eine unattraktive Variante bedeuten.

Doktoratsstudien soll es an den neuen Schulen nicht geben. Die Absolventen sollen aber – mit entsprechenden Ergänzungen – an den Universitäten ein solches beginnen können.

12. Diese neuen Fach-Hochschulen sind als Alternative zu den Universitäten nur dann attraktiv, wenn ihre Abschlüsse unter die Richtlinie der EG vom 21. Dezember 1988 über eine allgemeine Anerkennung der Hochschuldiplome fallen. Das heißt: Das Studium muß mindestens drei Jahre dauern, die Institution muß hochschulischen Charakter (Freiheit von Forschung und Lehre, Autonomie, besondere Qualifikation der Lehrer und ähnliches) haben, beim Studienabschluß muß ein akademischer Grad oder ein anderes gleichrangiges Diplom verliehen werden. Sekundarschulen, auch verlängerte, kommen also nicht in Frage. Die Verwandtschaft solcher neuer Fachhochschulen/Akademien zu den Universitäten muß viel enger sein als zu den Sekundarschulen.

13. Die sozial- und arbeitsrechtliche Absicherung berufstätiger Erwachsener, die sich weiterbilden wollen, müssen erheblich verbessert werden. Da ist neue Politik gefordert.

Selbständigkeit und Qualitätskontrolle

gemeinsam mit Elsa Gundacker-Hackl

Das Arbeitsprogramm 1990 der Regierung sieht die Umwandlung unserer im wesentlichen staatlich-hoheitlich verwalteten Einrichtungen zu betriebsähnlichen Organisationen vor. Die Universitäten sollen selbständige, leistungsorientierte Einrichtungen mit eigenem Profil in Forschung und Lehre – mit realer, nicht nur förmlicher oder individuell-moralischer Verantwortung – werden. Die Regierung gesteht den Universitäten grundsätzlich auch mehr Personal, Geld, Geräte und Bauten zu. Aber: Die Universitäten und das Ministerium müssen wesentlich besser wirtschaften.

Heute sollen Leistung, Sachrationalität, Wirtschaftlichkeit durch ein hochkomplexes System von Vorschriften aller Art, die ins Detail gehen, gesichert werden. Mit geringer Effizienz und Effektivität. Die neue österreichische Universität soll im Rahmen einfacher staatlicher, klarer Aufträge und Regeln selbständig handeln. Die Evaluierung von Leistungen in der Forschung und in der Lehre hat in einem solchen Konzept eine zentrale Bedeutung. Die Evaluierung wird als ein möglichst objektives Instrument zur Geschäftsführung der selbständigen Universitäten und ihrer organisatorischen Teile gesehen und auch als ein wichtiges Instrument für die strategische Planung und für die grobe Ressourcenverteilung auf staatlicher Ebene. Es wird entscheidend weniger Rechtsvorschriften geben, aber keinen völlig rechtsfreien Raum. Der Minister wird die Verpflichtung, die Verwendung der öffentlichen Mittel zu kennen, über die Verwendung der öffentlichen Mittel Bescheid zu wissen, dem Parlament, der Öffentlichkeit gegenüber, die politische Verantwortung nicht nur nicht abbauen, sondern konsequenter wahrnehmen müssen.

Wir stehen sowohl politisch als auch technisch dabei am Anfang. In den letzten Jahren ist Evaluation zu einem wichtigen Begriff der bildungspolitischen Diskussion geworden. Die Anzahl der Publikationen zu dem Thema ist gestiegen, im Rahmen der OECD wurde 1987 eine Studie zur Evaluation von Forschungsleistungen herausgebracht, jüngst hat eine Arbeitsgruppe des Programms Institutional Management in Higher Education einen Bericht zur Evaluation im Universitätsbereich vorgelegt, eine weitere Arbeitsgruppe der OECD befaßt sich mit der Entwicklung von Leistungsindikatoren, und in den meisten Staaten werden Evaluationsverfahren bereits durchgeführt, erprobt oder vorbereitet. Es wäre aber verfehlt anzunehmen, wir könnten in Österreich ausländische Beispiele kopieren und uns so Schwierigkeiten und Lernprozesse ersparen. Die Organisation der Universitätssysteme ist, was die Kompetenzverteilung und die Finanzierung betrifft, zu verschieden, ebenso wohl auch das Verhalten der Akteure in den Universitäten, der Verwaltung und der Politik.

Die Ursachen, die zu dem gestiegenen Interesse an Evaluation in den einzelnen Ländern geführt haben, dürften allerdings sehr ähnlich sein. Es ist zweckmäßig, auf sie kurz einzugehen, um einen Bezugsrahmen abzustecken, Evaluation in der bildungspolitischen Diskussion zu erfassen und die Verbindung und die Abgrenzung zu anderen Themen und Aktivitäten zu klären. Ein gemeinsamer Ausgangspunkt scheinen die Erfahrung zu sein, daß der postsekundäre Sektor stärker gewachsen ist, als man angenommen hatte, und die Einsicht, er werde auch künftig nicht schrumpfen, sondern – unabhängig von der parteipolitischen Couleur der Regierungen – weiter wachsen. Mit der Expansion hat allerdings nirgendwo das Ressourcenwachstum Schritt gehalten. Ein erster Einbruch ergab sich in den meisten Staaten durch die wirtschaftliche Rezession, ein längerfristiges Umdenken ist durch die Tatsache bedingt, daß selbst bei günstigster Wirtschaftslage ein ständig expandierender Bereich, insbesondere durch weitere Ausdifferenzierung einer immer teureren Forschung, anderer finanzieller Vorkehrungen und Regulative bedürfe, als bislang angewandt.

Zudem wurden die Zweifel an dem richtigen Einsatz öffentlicher Mittel dadurch genährt, daß Akademikerarbeitslosigkeit und Mißtrauen gegenüber Fortschritt und Wachstum den finanziellen Forderungen der Universitäten Legitimation entzogen und die Sicherheit schwand, daß die für die Universitäten eingesetzten Mittel genügend gesamtgesellschaftlichen Nutzen abwerfen. Auch hat die Spezialisierung in den Wissenschaften, die zentrifugale Kraft disziplinärer Entwicklung, dazu geführt, daß man sich innerwissenschaftlich kaum mehr über Prioritäten und einen nützlichen Mitteleinsatz einigen kann. Des weiteren führte die „Ungleichzeitigkeit disziplinärer Entwicklung“ zu sogenannten ungewollten Nebenwirkungen wissenschaftlicher Produkte, sodaß der Eindruck, Wissenschaft sei zunehmend mehr mit ihren eigenen Folgewirkungen beschäftigt, naheliegt.

Eine erste Konsequenz des steigenden Mittelbedarfs und des Zweifels daran, daß neben dem öffentlichen Nutzen von Wissenschaft der private Ertrag vernachlässigenswert sei, war die Zulassung beziehungsweise die Förderung der Einwerbung von Drittmitteln durch die Universitäten, in Österreich 1987 neu und liberal geregelt. Eine weitere Folge war die Diskussion über einen wirtschaftlichen Umgang mit Ressourcen; Effizienz in der Verwendung von Mitteln und Effektivität in der Erreichung von Zielen wurden Kriterien der Hochschulpolitik.

Diesen Kriterien scheinen die traditionellen Steuerungsmechanismen des Universitätsbereiches nicht zu entsprechen. Weder eine weitreichende universitäre Autonomie (wie sie vergleichsweise in Großbritannien gegeben ist) noch ein zentrales, feinmaschiges System organisationsrechtlicher und studienrechtlicher Vorschriften (wie wir es in Österreich kennen) hatten sich als Garant für Effizienz und Effektivität hervorgetan. Als Alternative zu diesen traditionellen Lenkungsmechanismen wurden vielfältige Methoden zur Überprüfung der quantitativen und qualitativen Leistungen entwickelt. Evaluation wurde zu einem zentralen Begriff wissenschaftspolitischer und bildungspolitischer Überlegungen. Den Leistungsüberprüfungsverfahren wird dabei eine Doppelfunktion zugeordnet: Einerseits besitzen sie Allokationsfunktion, andererseits dienen sie der Qualitätskontrolle und der Qualitätssteigerung. Diese Doppelfunktion wirkt sich störend aus, da sie in den zu evaluierenden Bereichen Abwehr hervorruft.

Vorerst stelle ich kurz dar, worauf sich Evaluationen im Universitätsbereich beziehen und welche Verfahren zur Anwendung kommen. Dies ist zweckmäßig, damit Mißverständnisse über die Aussagekraft von Leistungsbewertungen vermieden und eine differenzierte Diskussion erleichtert wird.

Die Bewertung individueller Leistungen liegt im Kernbereich universitärer Tätigkeit. Über die Konsequenzen solcher Bewertungen zwischen Lehre und Forschung bestehen unterschiedliche Auffassungen. Bewertung in der Lehre hat – grob gesprochen – Selektionsfunktion und beeinflußt die individuelle Karriere der Geprüften und auch – wenngleich eingeschränkt – die Zuteilung der Ressourcen. Bewertungen von Forschungsleistungen beeinflussen darüber hinaus die Entwicklungsrichtung von Disziplinen. Dies mag, neben dem Umstand, daß Bewertung in der Forschung Personen betrifft, die bereits die Selektion durch Bewertung in der Lehre und eventuell wissenschaftlichen Anhängerschaft hinter sich haben, dazu beitragen, daß der Forschung größere Bedeutung als der Lehre beigemessen wird und daher ihre Bewertungsvorgänge differenzierter sind. In Ansätzen zumindest ist die heute viel diskutierte Evaluation in der Forschung etabliert. Beispiele sind:

– Personalrekrutierung: Berufungsverfahren und Habilitationsverfahren sind Evaluationsverfahren auf universitärer Ebene mit Implikationen für die Leistungen der Institute. Dabei werden in erster Linie die Forschungsarbeiten der Kandidaten einer Überprüfung unterzogen, allerdings nur zu einem bestimmten Zeitpunkt.

Personalentwicklung oder Verfahren zur kontinuierlichen Bewertung der Leistung von Hochschullehrern sind wenig ausgeprägt. Ansätze gibt es im Hochschullehrerdienstrecht durch die Bestimmungen über die Laufbahn von Assistenten.

Im Hinblick auf die angestrebten Zeitverträge und eine im Regierungsprogramm 1990 vorgesehene flexible Gehaltsregelung – die auf Leistungen spürbar Rücksicht nimmt – sind die vorhandenen Verfahren sicher unzureichend. Hier müssen Entwicklungen

stattfinden, da Personalentscheidungen maßgeblich die Richtung der Forschung an einer Universität oder Fakultät und deren Qualität bestimmen.
– Ein Beispiel für die externe, Apriori-Evaluation ist der Modus bei der Vergabe von Forschungsaufträgen des staatlich finanzierten, autonomen tätigen Fonds zur Förderung der wissenschaftlichen Wirtschaft oder durch staatliche Stellen. Das Forschungsprogramm, der Projektantrag, wird dabei der Bewertung durch Fachkollegen unterzogen.
– Eine externe, Aposteriori-Evaluation ist bei der Durchführung von Arbeiten im Auftrag Dritter gegeben. Hier gibt es – leider viel zu schwach, aber zumindest in Ansätzen – einen Marktmechanismus. Ist der Kunde, das heißt der Auftraggeber, zufrieden, so wirkt sich dies auf die weitere Auftragslage aus.
– Schließlich ist anzuführen, daß natürlich einzelne Forscher, Arbeitsgruppen und Institute ihre Arbeiten überprüfen lassen müssen, wenn sie Rang und Namen haben wollen. Welchen Stellenwert diese interne Evaluation oder Selbstevaluation hat und welchen Einfluß sie auf die Qualität der Arbeit in einer universitären Einheit oder Disziplin ausübt, hängt, neben dem Willen zum Reüssieren, von organisatorischen Rahmenbedingungen ab. Diese können so gestaltet sein, daß sie interne Evaluation fördern, vielleicht sogar erzwingen, so zum Beispiel durch finanzielle Konsequenzen oder Veränderungsmöglichkeiten. Sie können aber auch Bemühungen um Qualität untergraben – insbesondere dann, wenn Reaktionen darauf schlichtweg ausbleiben, was heute der Regelzustand in Österreich ist.

Ich erachte es als das Hauptziel der von staatlicher Seite forcierten Evaluation, universitätsinterne Leistungsüberprüfungen zu stärken. Dies ist naheliegend, da eine umfassende externe Evaluation universitärer Leistung und Einrichtungen nicht ausreicht und undurchführbar wäre.

Auch die heute zur besseren Absicherung von Investitionsentscheidungen und Qualitätssicherung von staatlicher Seite forcierten und durchgeführten Evaluationen konzentrieren sich auf den Bereich der Forschung. Ein Grund ist – neben der der Forschung zugeschriebenen Bedeutung für die Gesamtwirtschaft und der expandierenden Forschungsausgaben – wohl die Tatsache, daß in der Forschung die oben angeführten Ansätze für Evaluationen gegeben sind. Die damit angesprochenen Verfahren beschränken sich nicht auf die Bewertung der Arbeiten eines Forschers oder eines bestimmten Forschungsvorhabens. Ihr Zweck ist die Erstellung von Empfehlungen zur Entwicklung einer Disziplin. Sie werden im Auftrag des Staates oder intermediärer Einrichtungen durchgeführt. Die Bewertung erfolgt durch externe Experten aus der betreffenden Disziplin. Die kürzlich abgeschlossene Physik-Evaluation in Österreich ist ein Beispiel für dieses Verfahren, die meisten in Vorbereitung befindlichen Evaluationen folgen ebenfalls diesem Modell. Forschungsleistungen können auch anhand einer Liste von Indikatoren überprüft werden, was auch bereits geschieht.

Im Vergleich zur Forschung sind Ansätze zur Bewertung von Lehre dürftig. Einzelne Untersuchungen, von der Studentenvertretung getragen, sind als lobenswerte Initiativen, aber meist konsequenzenlos, hervorzuheben. Einige kritische Diskussionen an den Hochschulen haben Studien bewirkt, die von der Tageszeitung „Der Standard“ und von der Wochenzeitschrift „Profil“ durchgeführt wurden. Folgen sind ausgeblieben. Dies ist auf die oben angeführte Dominanz der Forschung zurückzuführen. In Österreich kommt hinzu, daß das Studienangebot rechtlich sehr eng definiert ist und Hochschullehrer vom Zwang einer gemeinsamen Programmentwicklung und Programmevaluation frei sind. Evaluation von Lehre wird auf den Bereich der Didaktik verwiesen. Diese reduzierte Verantwortlichkeit führt meiner Meinung nach zu einer Unverbindlichkeit der Universität gegenüber den Studenten. Dazu kommt, daß die Evaluation didaktischer Leistungen in einem Prozeß der Entwicklung didaktischer Qualifikationen eingebunden sein müßte. Dafür fehlen im großen und ganzen die institutionellen Vorkehrungen. Lehrveranstaltungsbewertungen durch Studenten bedürfen, will man die Lehre verbessern, einer Unterstützung durch die Universitätsorganisation.

Ein weiterer Bereich für Evaluationen sind Universitäten, Fakultäten und Institute. Diese Art der Bewertung ist bereits im Gesetz vorgegeben. Projekte zur Evaluation von Einrichtungen sind Reorganisations- oder Organisationsentwicklungsprojekte.

Zunächst ist das Peer-review-Verfahren zu nennen. Es handelt sich dabei um eine Bewertung durch externe Fachleute der zu bewertenden Disziplin beziehungsweise aus der Disziplin, der das zu beurteilende Projekt zuzuordnen ist. Es ist bekannt durch seine Verwendung bei Fonds und ähnlichen Einrichtungen, die Forschungsaufträge vergeben. Bei der Beurteilung der Forschungsanträge oder Forschungsarbeiten handelt es sich vielfach um mehrere Einzelgutachten, die von der entscheidenden Instanz eingeholt und eingestuft werden.

Bei der Beurteilung einer Disziplin wird das Gutachten meist gemeinsam von einem Expertenteam erstellt. Dies ist in erster Linie wegen der Spezialisierung innerhalb einer Disziplin erforderlich. Dies erscheint mir besonders vorteilhaft, da eine kommunikative Auseinandersetzung mit dem Beurteilungsgegenstand ein Lern- und Feedback-Prozeß ist und dadurch eine bessere Qualität erwarten läßt. Diese Auslöser-Funktion für Diskussionen, die entweder unterdrückt sind oder gar nicht als sinnvoll genug angesehen werden, halte ich für besonders nützlich.

Wichtig ist natürlich eine sorgfältige Planung des Verfahrens und der Auswahl der Experten. Vorteile des Peer-review-Verfahrens sind seine prinzipielle Akzeptanz aufgrund seiner Tradition in der Wissenschaft und die Möglichkeit, qualitative Aspekte zu berücksichtigen. Ein Nachteil besteht darin, daß es Disziplinen nicht verknüpft, damit disziplinkonservierend wirkt und potentielle Entwicklungen unberücksichtigt läßt. Weiters ist das Verfahren aufwendig, sowohl hinsichtlich der Zeit als auch der Finanzen. Ein weiterer Nachteil ist, daß ein Peer-review mit der Abgabe eines Gutachtens endet und die Experten in der Regel nicht im Zuge der Umsetzung in einen Lernprozeß eingebunden bleiben.

Ein weiteres Evaluationsinstrumentarium sind Performance Indicators. Dabei wird zwischen Input-Indikatoren, Prozeß-Indikatoren und Output-Indikatoren, je nachdem, ob sie Aufwand oder Nutzung von Ressourcen oder die Ergebnisse kennzeichnen, unterschieden. Da Leistungsindikatoren eine Reduktion auf das quantitativ Ausdrückbare darstellen, sind sie umstritten. Ein Vorteil von Performance Indicators ist, daß sie Transparenz schaffen, das heißt nicht offen gelegte Meßzahlen, die natürlich immer bei Allokationsentscheidungen herangezogen werden, offenlegen. Dadurch fördern sie auch eine Klärung, welche Aspekte unberücksichtigt bleiben, und eine explizite Formulierung von Werturteilen. Ihr Nachteil ist, daß sie in der Wissenschaft schwer akzeptiert werden, was mit deren eigentümlichen Verhältnis zu Qualität und Quantität zu tun hat. Ein weiterer wird in der Gefahr gesehen, daß Performance Indicators zur Erstellung starrer Verteilungsformeln benützt – ich meine: mißbraucht – werden, die weder der Komplexität von Entscheidungen gerecht werden, noch Entwicklungen zulassen. Schließlich ist es sicher problematisch, Leistungskennziffern für eine leistungsgerechte Mittelzuteilung heranzuziehen, solange kein Konsens über die Interpretation von Kennziffern besteht. Zum Beispiel wäre bei den Kennziffern Drop-out-Quote erst Klarheit darüber zu schaffen, ob die Drop-out-Rate eine geringe Qualität der Lehre oder einen anspruchsvollen wissenschaftlichen Standard ausdrückt.

In diesem Zusammenhang sei auf die im Gesetz festgelegten Arbeitsberichte der Institutsvorstände hingewiesen. Auf Institutsebene werden dabei Indikatoren der oben angeführten drei Typen erstellt; zum Beispiel ein Input-Indikator „Personalausstattung“, ein Prozeß-Indikator „Lehrauftragsanteil“, ein Output-Indikator „abgeschlossene Habilitationen“. Allerdings sind das Feedback und die Nutzung der Arbeitsberichte unbefriedigend. Ein Steuerungssystem, das über Input und detaillierte Regelungen lenkt, immunisiert erfahrungsgemäß auch dort gegen Information, wo es Gestaltungsfreiräume läßt.

Zur Bewertung wissenschaftlicher Produktivität werden bekanntlich auch bibliometrische Verfahren verwendet. Das bekannteste Werk in diesem Bereich ist der vom Institute for Scientific Information herausgegebene Science Citation Index (SCI), der auf der Auswertung von 4000 Zeitschriften beruht. Diese Verfahren konstruieren Kennzahlen, die die wissenschaftliche Produktivität einer Forschergruppe, Institution oder eines Landes, gemessen an der absoluten oder relativen Zahl der Zitationen (Output- beziehungsweise Impact-Indikatoren), angeben. Diese

Indikatoren werden methodologisch verfeinert und „Niveauanalysen", „Trendanalysen" und „Forschungskarten" erstellt. Vorreiter auf diesem Gebiet bei uns sind die Medizinischen Fakultäten. Ich ordne diese Verfahren dem Bereich der Selbstevaluation von Wissenschaftern und Forschungseinheiten zu. Sie basieren nämlich auf spezifischen Voraussetzungen, die bei Verwendung durch Externe nicht richtig berücksichtigt werden können, etwa die Auswahl und Vollständigkeit der Zeitschriften für bestehende Disziplinen, die Zeitabhängigkeit der Bedeutung von bestimmten Zeitschriften, der nach Disziplinen verschiedene Wirkungszeitraum von Publikationen, Unterschiede im Zitierverhalten, Einfluß der Publikationssprache et cetera.

Ich habe bereits ausgeführt, daß Evaluation von Lehre in einem wesentlich geringerem Maß stattfindet als solche der Forschung. Es kann daher vermutet werden, daß die Konzentration auf Evaluationen die Forschung weiter begünstigt. Wenn Evaluationen in der Lehre überlegt werden oder stattfinden, greift man vielfach auf die Verfahren zur Bewertung von Forschungsleistungen, wie Peer-review oder Indikatoren, zurück.

Daneben sind mir drei Verfahren bekannt: Studentenbefragung (mit Aufbau von effektiven Systemen für Personalentwicklung und Personalbewertung), die Arbeit von Akkreditierungsgremien (Instanzen zur Anerkennung von Studien/Studienteilen zur Qualitätssicherung, nicht vergleichende Qualitätsbeurteilung), und der sogenannte Value-added-approach. Letzterer zielt, nach dem Vorbild der Mehrwertsteuer, darauf ab, durch Tests bei Studienbeginn und bei Studienabschluß den „Wissensgewinn" zu messen.

Obwohl die vieldiskutierten Rankings kein Leistungsbewertungsverfahren im obigen Sinn sind, erwähne ich sie, da die diesbezüglichen Versuche von „Standard“ und „Profil“ erhebliche Resonanz hatten. Rankings basieren meist auf Peer-review (wie das von „Liberation“ durchgeführte über EG-Universitäten), Studentenbefragung oder Leistungskennziffern oder eine Kombination dieser Verfahren. Dazu kommt, daß sie Informationen reduzieren. Sie sind damit sicherlich, was gut ist, medienwirksame, aber methodisch problematische Globalaussagen. Basiert ein Ranking beispielsweise auf einer Studenten- oder Expertenbefragung, das drei Items enthält, und werden diese in einer Leistungsreihung zusammengefaßt, so bleibt die Frage einer unterschiedlichen Wertigkeit der drei Items unberücksichtigt.

Eingangs habe ich ausgeführt, daß Evaluationen ein integraler Teil eines Modells sind, das den Universitäten mehr Entscheidungsfreiheit und Verantwortung überträgt und sie über eine Bewertung ihres Outputs steuert. Ein zentralistisches System, wie es in Österreich heute besteht, gibt die Wege zur Erreichung der Ziele weitgehend vor, das heißt, werden die gesetzlichen Vorschriften eingehalten, sind die Ziele gesichert. Evaluationen sind daher überflüssig, stattdessen ist die Einhaltung der Rechtsvorschriften zu kontrollieren.

Die kürzlich beschlossene Einführung der Evaluation im bestehenden Organisationsrecht ist deshalb systemwidrig. Diese Einfügung hängt mit Intentionen zusammen, das Universitätsrecht in Richtung Output-Steuerung zu ändern. Solange diese Änderung aber nicht erfolgt ist, liegt die Verantwortung der Umsetzung bei der zentralen Behörde. Dies ist kontraproduktiv in einer Zeit, in der die Verantwortlichkeiten neu definiert werden. Werden aber aus den Ergebnissen von Evaluationsverfahren keine Konsequenzen gezogen, wirkt dies demotivierend und störend auf das angestrebte neue System, für das Evaluation zentral ist.

Ein ähnliches Problem ergibt sich bei Evaluationen zum Zwecke der Schwerpunktbildung in Lehre und Forschung. Sollen Schwerpunktbildungen aufgrund von Evaluationsergebnissen zentral erfolgen, oder werden Anreize zu einer eigenständigen Schwerpunktbildung an den Universitäten gesetzt? Beides, meine ich. Aber über das „Wie" wird noch viel zu diskutieren sein.

Die neue gesetzliche Regelung der Evaluierung hat sicher den Vorteil, daß sie die Bedeutung einer soliden Informationsbasis für Entscheidungen unterstreicht. Ich muß aber gestehen: Es fehlen Vorkehrungen hinsichtlich der Konsequenzen von Evaluationsprojekten. Evaluationsverfahren durch Verordnungen zu bestimmen, kann sogar kontraproduktiv sein, da sie die erforderliche Flexibilität des Verfahrens und Anpassungen verhindern.

Ich sehe den Wert der neuen gesetzlichen Bestimmung vor allem darin, daß über Evaluierung diskutiert wird, sie also gesellschaftsfähig wird. Dies ist in der Vorstufe zur selbständigen Universität, in der das innere Evaluieren zum normalen Geschäft gehört, nicht zu unterschätzen.

Starke Männer, Managementkitsch gegen Steuerungslosigkeit?

gemeinsam mit Walter Steinbacher

Vor kurzem hat mir einer der österreichischen Professoren der Betriebswirtschaftslehre das von ihm neu herausgegebene „Handwörterbuch der Führung“ verehrt; einen schweren Wälzer, der in Größe und Dicke an frühere Bibelausgaben erinnert. Mir wurde erneut deutlich:

Wir haben an den Universitäten sehr viel Wissen über Führung, kanonisiert in Lehrbüchern. Es gibt Experten in Führung, Professoren, die solches Wissen lehren, und Studenten, die es lernen. Dieser Enzyklopädie des Führungswissens steht aber ein ausgeprägtes Praxisdefizit an den Universitäten selbst gegenüber. Das Problem geistert seit einigen Jahren unter dem Schlagwort „mehr Universitätsmanagement“ durch Beratungsgremien, Medien und Diskussionen – hoffentlich auch durch die Köpfe – und hat seinen bisher wichtigsten handlungsrelevanten Niederschlag im Regierungsprogramm 1990 gefunden. Demzufolge sind die Universitäten einer Reorganisation zu unterziehen. Oberflächlich gesehen stellt sich das Problem dergestalt dar, daß nach dem Hochschul-Organisationsgesetz von 1955 und dem Universitäts-Organisationsgesetz von 1975 schon nach weniger als zwei Jahrzehnten eine Neuorganisation der Universitäten ins Haus steht.

Für manche wäre diese vor allem eine Revision des Universitäts-Organisationsgesetzes 1975, das sich nicht bewährt hätte. Das ist zwar in einigen Punkten richtig, aber der verengte Blick aus der und auf die Hochschulszene nur auf dieses Gesetz fixiert, wird der tatsächlichen Problemlage nur entfernt gerecht. Tatsächlich finden wir im Vergleich zu den siebziger Jahren zum Teil stark veränderte Rahmenbedingungen vor, die viel entscheidender für eine Neuorganisation der Universitäten sprechen als Schwächen des derzeitigen Gesetzes.

Rahmenbedingungen einer Reorganisation

Die erste ist universitätsimmament und hat mit dem Größenwachstum der Universitäten zu tun. Ich erspare Ihnen die entsprechenden Zahlen. Wie die gängige Floskel lautet, sind die Universitäten heute Großbetriebe geworden, die nicht mehr mit der herkömmlichen Organisation managebar sind. Das gilt auch hinsichtlich der Kosten. Bei einem Zehntel des heutigen Universitätsbudgets könnte man einen Sonderstatus der Universitäten akzeptieren, eine gewisse Unwirtschaftlichkeit augenzwinkernd übersehen, weil sich der Schaden in Grenzen hielte. Das geht bei den heutigen Ausgabenhöhen nicht mehr.

Die zweite entscheidende Veränderung hat die Universität mit vielen anderen öffentlichen Einrichtungen gemeinsam: Die Grenzen der Finanzierbarkeit. Es mag die Universitäten in ihrem Selbstverständnis besonders verletzen, daß sie mit anderen Einrichtungen überhaupt etwas – und vor allem so etwas gewöhnliches wie Geldmangel – gemeinsam haben, aber die Begrenzung des Wachstums wird ein bestimmender Aspekt der zukünftigen Universitätsentwicklung sein. Die Vorstellung, Geld dürfe im Fall der Wissenschaft kein Problem sein, war nie besonders realitätsgerecht. Geld wird ein Dauerproblem mit zwei Folgen sein: Das Verfahren, nahezu alle Probleme über Ressourcenaufstockungen zu lösen, wird nicht mehr lange praktizierbar sein. Der Verteilungskonflikt, den die Universitäten bisher recht erfolgreich an den Staat delegiert haben, wird in die Universitäten Einzug halten und neuer Formen der Konfliktregelung bedürfen.

Das heißt drittens, es wird auch in Zukunft Regelungsbedarf geben, einen vielleicht noch dringenderen als bisher, aber mit einer neuen Qualität. Die letzten zwei Jahrzehnte waren durch eine umfassende Verrechtlichung gekennzeichnet. Das Ergebnis ist heute sicher entwicklungs- und innovationshemmend. Man darf allerdings nicht übersehen, daß dies ein – wenn auch über weite Strecken nicht besonders tauglicher – Versuch war, eine nicht selbstreformfähige Einrichtung zu modernisieren. Tatsächlich hat sich unter riesigen Stapeln von Bundesgesetzblättern vielfach die überkommene Universität erhalten, und/oder ungeschriebenes Recht wurde in geschriebenes transformiert. Mit großem Paragraphenaufwand und bescheidenem Neuerungsgehalt hat die Universitätsreform vieles ans Tageslicht gebracht, was informell schon da war. Die Universitäten sind nicht zur Bürokratie wie die Jungfrau zum Kind gekommen, sondern Bürokratisierung ist in ihr wie in jeder Organisation strukturell angelegt. Es ist im nachhinein leicht festzustellen, das Recht als Steuerungsinstrument wäre bei weitem überzogen worden; viel schwieriger ist es, bei einem konkreten Deregulierungsvorhaben zu entscheiden, was denn nun sinnvollerweise auf welcher Ebene zu regeln ist und was überhaupt nicht rechtlich in den Griff zu bekommen ist.

Eine Deregulierung wird folgende Richtung einschlagen müssen: Verzicht auf Detailregelungen zugunsten der Setzung relativ weniger, allerdings härterer Globalregelungen; der Ersatz von materiellrechtlichen Regelungen durch Verfahrensregeln bei einem verstärkten Selbstregelungsrecht der jeweils untergeordneten Organisationseinheiten. Diese Deregulierung wird viel schwerer durchzusetzen sein als die Verrechtlichung der letzten Jahrzehnte, weil sie nicht an die gegebene Bürokratisierungstendenz anknüpfen kann.

Deregulierung allein wird es aber nicht sein können. Entbürokratisierung ist jedenfalls mehr, als die Regelungsdichte zu verringern. Ich meine daher, es wird zweckmäßig sein, die Reorganisation der Universitäten auch im Zusammenhang mit den generellen Bestrebungen zur Verwaltungsreform zu sehen. Dieser Zugang zu einer Universitätsreform mag manchen Universitätsangehörigen zu gewöhnlich erscheinen, aber viele Probleme der Universitäten rühren daher, daß die Verwaltungsprobleme bisher beträchtlich unterschätzt wurden und zuwenig Aufmerksamkeit gefunden haben. Die Universitätsverwaltung der Zukunft soll nicht die bisherige klassische staatliche Verwaltung sein, aber es wird ohne eine effektivere Verwaltung nicht gehen, denn keine Organisation kann ohne Verwaltung auskommen. Da werden manche Universitätslehrer ihr verkrampftes Verhältnis zu Verwaltung im allgemeinen und zur Universitätsverwaltung im besonderen verändern müssen.

Mit der Thematik der Deregulierung und der Verwaltungsreform kommen wir zu einer weiteren Randbedingung der Hochschulreform. Die achtziger Jahre waren eine Phase einer beachtlichen, teilweise berechtigten, aber vielfach auch überzogenen und leider sehr oberflächlich gebliebenen Staatskritik. Hochschulreform wird mit diesem Umstand konfrontiert, sei es auch dergestalt, daß eine Auseinandersetzung mit allzu einfachen Vorstellungen einer Entstaatlichung unvermeidlich sein wird. Im positiven an die Staatskritik anknüpfend sollte es aber möglich sein, die Aufgaben der Universitäten einer kritischen Sichtung zu unterziehen.

Die Universitäten haben über lange Zeit hinweg immer neue und zusätzliche Aufgaben und Funktionen übernommen. Der damit verbundene Erwartungsdruck ist in der letzten Zeit nicht geringer geworden. Es wird in nächster Zeit unvermeidlich sein, solchen Erwartungen viel selektiver zu begegnen und vieles auch einfach zurückzuweisen, also eine Politik vorbeugender Entstaatlichung zu verfolgen. Eine solcher Prozeß der Selbstbeschränkung wird gerade im Falle der Universitäten besonders schwierig werden, da die Universitäten dazu tendieren, Wissenschaft und Ausbildung als nahezu universelle Problemlöser zu sehen. Eine Aufgabenbegrenzung wird längerfristig eine adäquatere Antwort auf die Staatskritik sein, als oberflächlich bleibende Privatisierung von Universitätseinrichtungen, die für sich allein wahrscheinlich überhaupt nichts bewirkt. Es gibt eine Menge halböffentlicher und privater Einrichtungen, die, was ihre Aufgabenerfüllung und Effizienz betrifft, nicht in einem befriedigenderen Zustand als die österreichischen Universitäten sind.

Damit kommen wir zu einem der Kernpunkte des Problems. Bei einem ständig steigenden Organisationsgrad der Gesellschaft ist Organisation inzwischen zu einem universellen Problem geworden, und zwar in allen Bereichen, auch in der Wirtschaft, wie das ständig wachsende Heer an Unternehmensberatern eindrucksvoll demonstriert. Bürokratie und Bürokratisierung sind schon längst kein Staatsmonopol mehr. Die Weiterentwicklung von Wirtschaft und Gesellschaft wird sich auch daran entscheiden, ob und wie diese Probleme gelöst werden.

Eine Reorganisation der Universitäten kann nur dann erfolgreich sein, wenn sie einerseits von einer Sicht getragen wird, die über die Elfenbeintürme der Universität hinausreicht. Andererseits darf sie nicht in den Fehler verfallen, sich allzusehr an Organisationsmodelle aus anderen Bereichen anzulehnen. Organisation ist heute überall, auch in der Wirtschaft in einem Weiterentwicklungsprozeß, ja Umbruchsprozeß, begriffen. Es sollte gelingen, sich bei einer Reorganisation der Universitäten an die Front der Organisationsentwicklung zu bewegen, ohne auf eine originäre Universitätslösung zu verzichten.

Neben den allgemeinen Rahmenbedingungen einer Universitätsreform gilt es, die universitätsspezifische Problemlage angemessen zu berücksichtigen.

Selbstverwaltung und Selbststeuerung

Die universitätsspezifische Ausgangslage ist zumindest in einem Punkt durch eine ausgesprochene Sondersituation geprägt, die mit Wissenschaftsfreiheit, Autonomie und Selbstverwaltung charakterisiert wird. Man mag das Ausmaß an tatsächlicher Autonomie sehr skeptisch beurteilen, aber auch so haben wir es noch mit einer ziemlich einmaligen Form von Selbstbestimmung zu tun, zu der mir keine Parallele in der derzeitigen Gesellschaft bekannt ist. Diese Autonomie hat auch nur wenig Ähnlichkeit mit anderen Formen der Autonomie in der Verwaltung, da die Universitätsautonomie im Kern eine Produzentenautonomie ist. Die Selbstverwaltung leitet sich nur daraus ab. Das heißt, die Universitäten haben ein sehr hohes Ausmaß an Freiheit, „Produkt“ und „Produktion“ in Lehre und Forschung selbst zu bestimmen. Die daraus resultierende Unabhängigkeit ist doppelt: Eine gegenüber dem Staat als Erhalter und eine gegenüber ihrer Klientel, den Abnehmern ihrer Leistung: Gegenüber Studenten, Arbeitgebern, den Verwertern von Forschungsergebnissen. Die Selbstverwaltung beteiligt in Form der Kollegialität dem Anspruch nach alle Produzenten am inneruniversitären Entscheidungsprozeß.

Wir haben es also an den Universitäten nicht nur mit der „Einheit von Lehre und Forschung“ zu tun, sondern mit einer von Lehre, Forschung und Verwaltung. Diesem Modell zufolge werden alle wesentlichen inneruniversitären Entscheidungen von Kollegialorganen getroffen. Die Universitätsverwaltung im engeren Sinn hat eine administrative Hilfsfunktion. Diese hat – auch wenn das vielen akademischen Funktionären nicht bewußt ist – eine Unmenge von jeweils für ihren Zuständigkeitsbereich weisungsberechtigte Universitätsorgane als Vorgesetzte, vom Senat bis hin zur Studienkommission.

Diese Selbstverwaltung funktioniert – je nachdem, welche Ansprüche man stellt – mehr oder weniger gut. Es wird „produziert“: Nämlich Qualifikationen und Forschungsergebnisse. Es werden Professoren berufen, Assistenten bestellt und habilitiert, Lehraufträge erteilt, Hörsäle beheizt und Zeugnisse ausgestellt. Der Universitätsalltag funktioniert; manchmal gar nicht friktionslos, aber irgendwie geht es, oft mit viel Improvisation, mit der die Strukturschwächen der Organisation kompensiert werden.

Was aber nicht oder sehr schlecht funktioniert, ist alles, was über die Bewältigung der jeweiligen Tagesprobleme hinausgeht und/oder mit Aufgaben und

Funktionen zu tun hat, die einzelne Organisationseinheiten übergreifen. Es gibt bedeutende Planungs- und Koordinationsmängel. In vielen Organen hat die Entscheidungsfindung bestenfalls rituellen Charakter. Viele Probleme werden nicht gelöst, sondern verschoben und landen als Ressourcenforderungen und/oder Regelungsbedarf letzten Endes bei den staatlichen Zentralstellen, beim Bundesministerium für Wissenschaft und Forschung oder beim Gesetzgeber. Dem Universitätsbetrieb fehlt in vielem am Betrieb das aktive „be" von treiben, und er hat viel vom „Sich-Treiben-Lassen" an sich. Das heißt, einen Anspruch hat die Selbstverwaltung bisher bestenfalls rudimentär einlösen können, nämlich den auf Selbststeuerung. Wir haben ein Modell der Selbstverwaltung ohne Selbststeuerung. Nicht einmal der aus Universitätssicht beklagte, bescheidene Spielraum, den die derzeitige Universitätsautonomie bietet, ist auch nur ansatzweise genützt.

Die Steuerungsfunktion liegt daher durch Organisationspraxis bedingt, durch Rechtsvorschriften und Ressourcenverteilungspraxis zementiert, in einem viel zu hohen Ausmaß beim Ministerium. Das Bundesministerium für Wissenschaft und Forschung müßte theoretisch zum Beispiel mehr als achthundert Institute und mehr als vierhundert Studien planen und koordinieren. Noch konkreter trifft es zum Beispiel die Letztentscheidung über die Frage, ob in der Studienrichtung XY zehn oder zwölf Wochenstunden Mathematik gelehrt werden und ob dafür Lehraufträge zu vergeben sind oder eine zusätzliche Planstelle zugewiesen wird et cetera. Das ist ein unhaltbarer Zustand und mit einer hoffnungslosen Überforderung der Zentralstelle verbunden.

Um mit dieser Überforderung fertig zu werden, bedient sich das Ministerium einer radikalen Vereinfachung des Entscheidungssystems, die durch das Bundes-Haushaltsrecht ganz wesentlich gestützt wird. Das Bundesministerium für Wissenschaft und Forschung beschränkt sich darauf, nur Neues und Zusätzliches zu behandeln, zu verhandeln und zu entscheiden: Zusätzliche Ressourcen, zusätzliche Institute, Fächer und Studien. Alles, was bereits besteht, bleibt ausgeklammert. Damit geht nicht nur der Blick fürs Ganze verloren. Die Gesamtentwicklung einer Studienrichtung, einer Fakultät, einer Universität gerät außer Kontrolle, ohne daß es für längere Zeit überhaupt jemandem auffällt.

Die Steuerungsmängel der Selbstverwaltung wiederholen sich auch auf der Ebene der Zentralstelle in gewissem Ausmaß mit dem Ergebnis, daß keine Organisationsebene in der Lage ist, die Gesamtentwicklung der ihr untergeordneten Einheiten wirklich zu steuern. Das ergibt eine sehr eigenartige Gesamtstruktur. Auf der formellen Ebene gibt es eine vergleichsweise weitgehende Produzentenautonomie, verbunden mit einer sehr viel geringeren Entscheidungsautonomie in den dezentralen Organisationseinheiten, die durch eine stark zentralistische Komponente ergänzt wird. Da die jeweils übergeordneten Organisationseinheiten schlecht funktionieren, haben wir als informelle Organisation eine extrem dezentralistische Organisation und für viele Bereiche de facto ein Nicht-Entscheidungssystem.

Unter dem Regelungsgesichtspunkt gesehen stellt sich die Situation so dar: Auf der formellen Ebene gibt es eine hohe Regelungsdichte mit einem bis ins Detail gehenden Steuerungsanspruch, die informelle Struktur ist jedoch durch ein hohes Ausmaß an Steuerungslosigkeit gekennzeichnet. Diese folgt zwar auch Regeln im Sinne von Gesetzmäßigkeit, aber solchen, die weder bewußt gesetzt, ja häufig nicht einmal bekannt sind. Die Organisation ist daher nicht durch aktives Handeln gekennzeichnet, sondern die einmal geschaffene Organisation fällt gewissermaßen in eine Art unbegriffenen „Naturzustand" zurück, dem sich die Organisationsmitglieder zu beugen haben. Die Organisation als selbststeuernde Einheit wird durch ein selbstläufiges System ersetzt, ohne daß die Betroffenen so recht merken, was eigentlich passiert.

Um nicht mißverstanden zu werden: Ich betone, daß dieses Problem selbstverständlich nicht auf die Universitäten beschränkt ist. Ich vermute, das Dilemma moderner Organisationen, nämlich eine Balance zwischen Selbststeuerung und Selbstläufigkeit herzustellen, tritt angesichts des hohen Selbststeuerungsanspruchs an den Universitäten besonders deutlich zu Tage.

Damit ist auch gemeint: Es wird nie möglich sein, informelle Organisation außer Kraft zu setzen, aber Re-Organisation hat zum Ziel, unbewußtes Funktionieren zugunsten bewußt gesetzten, zielorientierten Handelns zurückzudrängen.

Verhältnis zur nichtuniversitären Realität

Die Universitäten haben ziemlich diffuse Zielvorgaben. Wenn Sie sich die Zielformulierungen des Universitäts-Organisationsgesetzes und des Allgemeinen Hochschul-Studiengesetzes genauer anschauen, stellen Sie fest: Es handelt sich um Leerformeln. Das würde weniger gravierend sein, wenn die Universitäten ein ständiges direktes Feedback über ihre Leistungen erhielten; das ist aber nicht so. Die Universitäten sind nicht oder nur sehr lose an jene Märkte angekoppelt, auf denen ihre „Produkte" „gehandelt" werden. Das gilt für den Akademikerarbeitsmarkt im allgemeinen und für den Markt des wissenschaftlichen Nachwuchses für die außeruniversitäre Forschung ebenso. Abgesehen von der Auftragsforschung, die aber nur einen sehr kleinen Teil der universitären Forschung ausmacht, gibt es für Forschungsergebnisse keinen Markt. Die Forschungsergebnisse der Universitäten sind ein freies Gut, an dem sich jeder bedienen kann, der damit etwas anfangen kann und will. Die Universitäten agieren in einem weitgehend Feedback-losen Raum, vor allem aus Mangel an direkter Erfolgs- und Mißerfolgserfahrung – im Gegensatz zum Von-etwas-nur-Kenntnis-haben.

Inneruniversitäre Feedback-Systeme wie die studentische Mitbestimmung und die kollegiale Anerkennung in der Wissenschaftergemeinde können kein vollwertiger Ersatz sein, weil sie sich im selben abgekoppelten sozialen Raum bewegen. Das dominierende institutionalisierte Rückmeldesystem ist die Politik. Wenn die Unzufriedenheit der Arbeitgeber zum Beispiel sich bei der Industriellenvereinigung und der Bundeskammer sammelt, wird daraus eine hochschulpolitische Forderung, die zuerst einmal an den Minister gerichtet wird. Als Rückmeldesystem für die Universitäten liefert es nur sehr indirekt und meist sehr unspezifische Meldungen.

Dieses Verhältnis zur nichtuniversitären Realität hat Orientierungs- und Identitätsprobleme zur Folge, die man nicht unterschätzen sollte. Der Mangel an Erfahrungen von Erfolg und Mißerfolg führt dazu, daß Produkt- und Ergebnisorientierung durch Produktionsorientierung ersetzt wird. Ressourcenallokation wird zu einem Ersatz-Erfolgskriterium. An die Stelle von Output-Orientierung in der Lehre tritt manchmal eine penible Orientierung an sogenannten wissenschaftlichen Standards, die Ähnlichkeit mit dem Regelfetischismus von Verwaltungsbürokratien hat.

Wenn der Aufwand, der Verbrauch von Mitteln zu einem Erfolgskriterium wird, hat dies entgegen aller Wirtschaftlichkeit eine Art Snobökonomie zur Folge, in der niedere Kosten als Benachteiligung erlebt und auch als solche kritisiert werden, wie dies zum Beispiel der Rektor einer österreichischen Universität einige Zeit praktiziert hat, ohne daß die Betriebs- und Volkswirte seiner Universität reagiert hätten. So kostenorientiert sie ansonsten denken mögen, in Universitätssachen sind sie nicht ganz von dieser Welt.

Diese Art der Realitätsabgehobenheit wird noch dadurch verstärkt, daß nicht nur Leistung, sondern auch Leistungsdefizite weitgehend sanktionslos bleiben.

Bestandssicherheit

Während ein Wirtschaftsbetrieb bei Leistungsmängeln schnell und nachhaltig in die roten Zahlen kommen kann und im Hintergrund immer die Existenzbedrohung – real – steht, haben universitäre Einrichtungen nicht nur keine vergleichbaren Krisenindikatoren, sondern haben wie andere staatliche Einrichtungen de facto eine Art Bestandsgarantie. Das vorher beschriebene Entscheidungssystem stellt Bestände prinzipiell nicht in Frage. Alles ist auf ewig eingerichtet. Die Unzufriedenheit mit universitären Leistungen bleibt weitgehend folgenlos. Anstelle selektiver leistungsorientierter Sanktionen bleibt es bei einem allgemeinen Räsonieren, das unterschiedslos alle betrifft, nichts bewirkt und für die Universitäten allgemein demotivierend wirkt. Universitätseinrichtungen brauchen bei Leistungsdefiziten fast keine Folgen zu befürchten, geschweige denn etwas einem Konkurs Vergleichbares. Die Wahrscheinlichkeit, daß eine Universitätseinrichtung wegen Leistungsmangel aufgelöst wird, ist wesentlich geringer, als die, daß ein Wissenschaftsminister zurücktritt.

Das derzeitige Universitätsrecht sieht bezeichnenderweise – ausgenommen einiger formalistischer Ansätze – auch keine praktizierbaren Regelungen für die Auflösung einer Universitätseinrichtung vor. Daraus resultiert auch eine durchaus belastende Entscheidungssituation, wenn Ordinariate, Studienrichtungen et cetera auf eine kleine Ewigkeit eingerichtet werden. Das schließt ein Recht auf Irrtum aus.

Organisationskultur

Wissenschaft setzt ein sehr rationalistisches, distanziertes, stark regelorientiertes Verhältnis zum Untersuchungsgegenstand voraus, konstituiert also eine sehr künstliche Beziehung zwischen Forscher und Objekt. Daraus mag ein starkes Bedürfnis der Wissenschafter nach einem „naiven" Verhältnis zu ihrer sozialen Umwelt resultieren und das Bestreben, Organisation möglichst minimal zu halten. Die starke Orientierung an der Eigengesetzlichkeit von Wissenschaft kollidiert in einem gewissen Ausmaß mit hierarchischer Organisation und ihren allgemeinen Regeln. Wissenschafter, so zeigt die Erfahrung, haben daher ein etwas kompliziertes Verhältnis zu Organisation. Sie sind eher bereit, Organisation passiv zu erdulden als aktiv zu gestalten.

Bedingt durch eine meist ausschließlich schulische Sozialisation und verstärkt durch universitätsinterne und wissenschaftsspezifische Selektions- und Belohnungssysteme sind die Universitätslehrer stark auf individuelle Leistung ausgerichtet, das heißt, sie sind in ihrer Mehrzahl ausgeprägte Einzelkämpfer. Verstärkt wird dies durch die immer weiter vordringende fachliche Spezialisierung. Der fachlich adäquate Kommunikationspartner ist nicht mehr an der eigenen Fakultät, ja vielleicht nicht einmal an der Nachbaruniversität, sondern an irgendeiner Universität in Übersee zu finden. Das alles zusammen macht inneruniversitäre Kommunikation und Kooperation sehr schwierig. Da Kooperation notwendigerweise mit Konflikten verbunden ist, geht man daher Konflikten möglichst aus dem Weg, verstärkt vielleicht noch durch das Bedürfnis des Wissenschafters, der sich an der „Front der Forschung“ bewegt, sozusagen wenigsten an der „Heimatfront“ in Frieden zu leben. Dem hohen Anspruch auf Selbstverwaltung und Selbstorganisation steht also eine Meta-Universitätsverfassung gegenüber, die sehr stark von einem mehr oder weniger unausgesprochenen Nicht-Einmischungs- und Nicht-Kooperationsübereinkommen gekennzeichnet ist. Jede Organisation, und vor allem eine mit dem Anspruch auf Selbststeuerung, braucht ein gewisses Ausmaß an Organisationsbewußtsein, Kooperations- und Konfliktkultur. Hier muß jedenfalls eine neue Balance zwischen formeller Verfassung und Metaverfassung der Universitäten gefunden werden.

Chancen und Risiken der Reform

Ich habe Sie bis jetzt zum Teil mit recht allgemeinen Problemdarstellungen gequält. Das hat seinen Grund. Die bisherige Debatte in Österreich über die

Reorganisation der Universitäten hat nämlich eine entscheidende Schwäche: Sie geht ohne oder nur auf der Basis einer sehr oberflächlichen Problemanalyse viel zu schnell auf die Maßnahmenebene über. So ist es nicht recht klar, welche Probleme mit welchen Reformmaßnahmen eigentlich gelöst werden sollen. Ich bin immer wieder erstaunt, mit welcher Selbstverständlichkeit konkrete Ratschläge, Vorschläge gemacht und Reformmodelle von Personen präsentiert werden, die sich in keiner Weise ernsthaft mit der Problemsituation auseinandergesetzt haben.

Ich sehe die Gefahr, daß die Organisationsmängel die Reform überleben: Vor lauter Einzelvorschlägen geht der Blick fürs Ganze verloren, und in der Umsetzung sieht vor lauter Paragraphen niemand mehr das gesamte Gesetz. Das unterentwickelte Organisationsbewußtsein in der Gesamtorganisation, und die besteht aus Universitäten und Ministerium, schlägt sich in einer bewußtlosen Reform nieder.

Zwei Fehlentwicklungen halte ich für möglich. Die Problemanalyse wird durch eine an den Universitäten sehr verbreitete Problemverschiebung ersetzt, durch die alle Universitätsprobleme auf die derzeitige Gesetzeslage und auf das Bundesministerium für Wissenschaft und Forschung zurückzuführen sind; die Lösung aller Probleme bestehe ausschließlich in möglichst wenig Gesetz und möglichst wenig Ministerium. Diese Vorstellung ist, meine ich, typisch beamtisch. Viele Beamte führen zumindest insgeheim ihre Probleme auf „Gesetzesfehler“, auf den Gesetzgeber und auf die Vorgesetzten zurück, die sich ständig störend in „ihre“ Angelegenheiten einmischten. Wenn sie selbst nur Minister wären, käme alles in Ordnung.

Der zweite Holzweg besteht darin, die Forderung nach mehr Hochschulmanagement kurzschlüssig dahingehend zu interpretieren, es genüge, an der obersten Leitungsstruktur der Universitäten herumzudoktern, und damit hat es sich. Beides zusammmen ergibt ein beachtliches Potential an Schein-Innovationen.

Schein- und Gegeninnovationsmodelle

In der bisherigen Debatte sind mir fünf Typen solcher Schein-Innovationsmodelle aufgefallen:

„Präsidentenuniversität": Dieser Neuorganisationsvorschlag beschränkt sich im wesentlichen darauf, an der Universität viele neue Führungspositionen zu schaffen nach dem Motto, viel Führungskraft ist viel Management, oder um möglichst viele Personen mit gutbezahlten und/oder honorigen Positionen zu versorgen.

„Universitätsmonarchie": Die Universitätsleitung wird von einer mit hohem Sozialprestige ausgezeichneten Person besetzt, die über den Einzelinteressen schwebend in Weisheit und Objektivität die Universität leitet.

„Das Ministerspiel": Die Neuerung beschränkt sich im wesentlichen darauf, an der Universitätsspitze ein neues Leitungsorgan zu installieren, das alle oder fast alle, bisher zentral wahrgenommenen Agenden übernimmt. Statt eines Wissenschaftsministeriums gibt es dann zwölf, ansonsten bleibt alles beim alten.

„Managementkitsch": Die vorherige Variante wird mit den äußeren Attributen von Management aufgeputzt, mit besserer Bezahlung, Dienstwagen inklusive Chauffeur und Telekommunikationseinrichtungen, Direktionsassistenten, Stabsabteilung, Führungsinformationssystem und Sechzehnstunden-Arbeitstag. Das Ergebnis ist ein Präsident oder der „rasende Rektor", der dann mit viel Pomp und Aufwand darüber entscheidet, ob die ordentliche Dotation für das N. N.-Institut von öS 140.000,– auf öS 149.500,– erhöht wird.

Diese Modelle sind durchaus nicht aus der Luft gegriffen. Sie bestimmen in einem unbehaglichen Ausmaß Reformvorstellungen und Reformdebatte. Ich erachte daher das Risiko der Reform für ziemlich groß, und zwar nicht weil etwas falsches Neues installiert werden würde. Die Gefahr ist vielmehr: Mit viel Pomp und Aufwand, das heißt auch spektakulären, formalen Änderungen, könnte nur die derzeitige informelle Struktur festgeschrieben werden, mit dem Ergebnis, daß die derzeitigen tatsächlich problematischen Entwicklungen nicht korrigiert, sondern verstärkt werden.

Nicht unwahrscheinlich ist auch, daß sich die Reformintentionen unter der Hand quasi ins Gegenteil verkehren mit etwa folgender Konstellation: Eines der obigen Scheininnovationsmodelle oder eine Mischform wird mit der an sich wünschenswerten Dezentralisierung und so weiter kombiniert, eventuell noch ergänzt um einen Abbau der Mitbestimmung oder deren Beschränkung auf die bisher schon defiziente Mitbestimmungsformen. Der Abbau politischer Kontrolle wird also nicht durch wirksame dezentrale Selbststeuerung und Kontrolle ersetzt. Mit dem Defizit an politischer Kultur denaturiert die Universität zu einer losen Agglomeration von kooperationsunfähigen „Kleindiktaturen", die sich hemmungslos der Fachzwänglerei hingeben können, anstatt markt- und klientenorientiert zu arbeiten. In Verbindung mit einem weitgehenden unveränderten Beamtendienstrecht ergäbe das das reinste Beamtenparadies in der Sonderform Scientokratie. Diese schöne Neue Universität wird eventuell noch verschönt durch die Möglichkeit der ‚Wissenschaftsbeamten', die unangenehme Jobs an die „Wissenschaftsangestellten" zu delegieren.

Kriterien für eine wirksame Reform

Es gibt einige entscheidende Punkte, an denen man Scheininnovationsmodelle von einer echten Reform unterscheiden kann. Ich schlage daher im Anschluß an die Problemanalyse „neun Gebote" für eine sinnvolle Reform vor:

1. Das Größenproblem muß gelöst werden. Einzelne Universitäten und Fakultäten sind zu groß und unübersichtlich geworden, so daß sie nicht effizient organisiert und verwaltet werden könnten. Gerade die Selbstverwaltung braucht überschaubare Organisationsgrößen. Möglich sind Änderungen der Aufbauorganisation und/oder universitätsinterne Dezentralisierung.

2. Unabhängig von einer eventuellen neuen Rechtsform für die Universitäten (eigene Rechtspersönlichkeit) ist im Verhältnis von Bundesministerium für Wissenschaft und Forschung und Universitäten eine umfassende Dezentralisierung nötig. Die Einzelentscheidungen müssen dezentral gefällt werden. Dazu gehört auch eine universitätsinterne Dezentralisierung.

3. Das Bundesministerium für Wissenschaft und Forschung oder welche Einrichtung auch immer eine universitätsübergreifende Koordinations- und Planungsfunktion (zum Beispiel Holding) wahrnimmt, muß im Gegenzug dazu in die Lage versetzt werden, viel stärker als bisher universitätsübergreifende Planungsvorgaben und Randbedingungen für die Universitätsentwicklung zu setzen, damit die Gesamtentwicklung gesteuert werden kann.

4. Die Selbstverwaltung muß funktionsfähiger werden. Ihre Organe müssen entscheidungsfähig werden, die Verwaltungsdefizite müssen abgebaut werden. Das Zusammenwirken von dilettierenden Selbstverwaltungsorganen und administrativem Hilfseinrichtungen muß durch mehr und professionellere Verwaltung ergänzt werden. Die Selbstverwaltungsorgane werden mehr als bisher auf das Delegationsprinzip zurückgreifen müssen.

5. Parallel zur Stärkung der Selbstverwaltung muß das hierarchische Element entwickelt werden. Der Universitätsaufbau ist zwar hierarchisch. Die jeweils übergeordneten Organe haben aber keinerlei faktische Durchgriffsmöglichkeit. Man wird daher, soweit das mit der Wissenschaftsfreiheit zusammengeht, Weisungsstränge ausdenken müssen. Das hierarchische Element soll nicht bestimmend sein, aber es soll als Drohung im Hintergrund stehen. Auch wenn es keine besonders angenehme Einsicht ist: Das Gegenstück zur Hierarchie, nämlich Kooperation auf horizontaler Ebene, kommt ohne einen gewissen Druck von oben nicht aus.

6. Das neue Organisationsmodell soll für jeweils untergeordnete Einheiten lediglich einen Rahmen für Selbstorganisation vorgeben und die Organisation nicht bis ins letzte Detail festlegen.

7. Die derzeitigen Feedback-Systeme der Universität, und dazu zähle ich die Politik und die studentische Mitbestimmung, müssen zwar der neuen Organisation angepaßt, aber prinzipiell erhalten werden. Neue zusätzliche Rückmeldesysteme sollten gefunden werden. Jedenfalls sollte eine viel stärkere personelle Öffnung der Universitäten erfolgen, das heißt, eine viel größere personelle Fluktuation zwischen der Universität und dem großen Rest der Welt. Es muß leistungsorientierte Sanktionen geben, nicht nur po-

sitive, sondern auch negative. Verantwortung muß organisatorisch und personell festgemacht werden.

8. Es müssen die Voraussetzungen geschaffen werden, Universitätseinrichtungen ohne große Probleme auch wieder auflösen beziehungsweise überhaupt nur auf Zeit einrichten zu können.

9. Von Universitätsmanagement und von der obersten Leitungsstruktur habe ich bisher wenig geredet. Auch da sind Änderungen erforderlich, wobei die Frage nach der Form zweitrangig ist im Vergleich zu der nach einem effizienten Management. Man sollte sich erst dann damit im Detail beschäftigen, wenn Lösungen für die Grundprobleme der Universitätsorganisation gefunden sein werden.

Alle jene, die allzusehr der Vorstellung von einer neuen Form der Universitätsleitung anhängen, also das Pferd vom Schwanz her aufzäumen, sollten sich bewußt werden, daß sie damit vielleicht nur einen störrischen Gaul in die Welt setzen. Das Ergebnis wäre nicht eine entbürokratisierte Universität. Die Probleme bleiben nur schön zugedeckt, sodaß wir unter dem Titel Entbürokratisierung eine hochbürokratische Einrichtung kreierten, die sich auf Dauer in Selbstzweckhaftigkeit und Klientenferne erschöpft. Es wäre ein Experiment im Zusammenhang mit der gesamtgesellschaftlichen Bürokratieproblematik, eine Einrichtung zu Demonstrationszwecken in diese Fehlentwicklung treiben zu lassen. Die Universitäten sollten aber nicht Objekt negativer Sozialexperimente, sondern Subjekt von Änderungen sein, die einen positiven Signalcharakter für andere Bereiche haben.

Rationale, zielorientierte Selbstorganisation mit Management statt Bürokratie und unsteuerbarer, selbstläufiger Organisation!

Aus dem 19. ins 21. Jahrhundert

Für die Hochschulen in Österreich geben wir heute nominell den neunfachen, real den mehr als sechsfachen Betrag als vor zwanzig Jahren aus. Der Anteil am Bundeshaushalt wurde – Wissenschaft hatte zwanzig Jahre lang durchgehend Vorrang – von 2,3 Prozent auf 3,5 Prozent angehoben. Viel, politisch beachtlich und doch viel zu wenig. Ein Sonderfinanzierungsprogramm wurde veröffentlicht; in kurzer Frist sollen die fehlenden Bauten errichtet, die verfallenen erneuert und eine zeitgemäße Ausstattung mit Labors, Rechnern und so weiter geschaffen werden. Forderungen nach mehr Internationalität lassen den bestehenden Zustand noch dramatischer erscheinen.

Unzeitgemäß, bürokratisch, aufwendig, mittelmäßig, unsozial?

Wer kennt nicht die Bilder musealer Laboratorien, wo zum Beispiel Maschinenbau- und Umweltingenieure ausgebildet werden, wer nicht die auf Gängen und Stiegen sitzenden Studenten; wer hat nicht die Klagen über nachtlange Warteschlangen für die Zulassung zu einem Proseminar gehört, wer nicht von Fremdsprachenübungen mit sechzig bis hundert

Teilnehmern. Wer hätte die Klagen über frustrierende Überlastung in der Lehre, über fehlende Reisemittel zu internationalen Kongressen, über die nicht-europareifen Bezüge der Hochschullehrer überhören können?

Weniger geläufig ist der Öffentlichkeit, daß es gar nicht so wenige, sehr gut ausgestattete Institute, nicht so wenige Studienrichtungen mit ausgezeichneten Studienbedingungen, auch international beachtete Forschung gibt, daß bei nicht wenigen Professoren und Assistenten die Summe ihrer verschiedenen Einkommen den Europa-Vergleich nicht zu scheuen braucht, daß die Verteilung der Mittel nur selten von der Leistung, von der Leistungsfähigkeit abhängt, Verschwendung mit wenig genützten Geräten gar nicht so selten vorkommt, daß es auch Hochschullehrer geben soll, die sich in der Lehre nicht überanstrengen oder die seit ihrer Bestellung kaum ernst zu nehmende Arbeiten veröffentlicht haben.

Der Ausbau der höheren Schulen, das stärker gewordene Interesse zu studieren, die gewachsene Nachfrage nach Hochschulqualifikation, gefördert mit vorrangiger, expansiver Hochschulpolitik in den letzten zwanzig Jahren brachten eine Vervielfachung der Zahl der Studenten mit sich: Die Zahl der Studienanfänger hat sich seit 1970 um 140 Prozent erhöht, die Gesamtzahl der Inskribierten vervierfacht. Die Zahl der jährlichen Absolventen stieg aber nur auf das Doppelte von 1970. Heute sind bereits 36 Prozent der Inskribierten älter als 25 Jahre, 43 Prozent älter als 24 Jahre. Die Hälfte der Absolventen erreicht das Diplom erst im Alter über 25. Zu viel Schule, Nachteile bei der Konkurrenz mit den jüngeren Absolventen im übrigen Europa. Die Hälfte der Anfänger kommt zu keinem Abschluß. Die Quote der

Hochschulabsolventen an der Gesamtzahl der Erwerbstätigen ist zwar angestiegen, hinkt aber noch immer hinter den Werten der meisten hochentwikkelten Industrieländer her.

Jeder Österreicher, der die schulischen Voraussetzungen hat, kann jedes Studium seiner Wahl an der Universität, die er bestimmt, studieren: 460 Studienrichtungen und Studienzweige an den zwölf Universitäten. Das Studienangebot besteht aus – viel länger als in anderen Staaten dauernden – Diplom- und Doktoratsstudien. Es gibt wenige Kurzstudien, Lehrgänge und Kurse. Die gesellschaftspolitischen und wirtschaftspolitischen Zielsetzungen der sechziger und siebziger Jahre „Herstellung der Chancengleichheit" und „Höhere Qualifikation für Wirtschaftswachstum", also „Mehr Studenten und Hochschulabsolventen", wurden nur eingeschränkt erreicht. Wir haben noch immer vergleichsweise wenige Hochschulabsolventen (5,3 Prozent der Erwerbstätigen im Jahr 1989; Bundesrepublik Deutschland 6,4 Prozent, Schweden 11 Prozent).

Von dem staatlich finanzierten Studienangebot machen die bildungsfernen, ökonomisch schwachen Schichten zwar mehr Gebrauch, die bildungsnahen und/oder relativ gut situierten nützen es aber ungleich mehr. Die meisten Kinder der Gebildeten und Einkommensstarken studieren heute. Die am Beginn der Expansion gewünschte Mobilisierung der Begabungsreserven ist zwar in Bewegung gekommen, hält sich aber in engen Grenzen. Das gesamte Bildungsniveau der österreichischen Bevölkerung ist gestiegen, aber nicht so, wie es wünschenswert, ja im Hinblick auf Europa erforderlich wäre. Und die soziale Ungleichheit ist nicht geringer, sondern größer geworden! Und viel Kreativität bleibt unentdeckt und ungefördert.

Die kürzlich publizierten Ergebnisse von Meinungsbefragungen von Studenten über die Qualität ihres Studiums sind – alles in allem – unbefriedigend und beunruhigend. Über die Qualität und die Quantität der Forschungsleistungen wissen wir nicht allzu viel Verläßliches. Die Kenner der Materie, diejenigen, die aus dem Ausland an unsere Hochschulen gekommen sind, oder die im internationalen Wissenschaftsbetrieb tätig sind, beschreiben unsere Situation nicht positiv, gelegentlich alarmierend. Die OECD kritisiert zurückhaltend, aber eindeutig.

Über Leistungen, Nichtstun und Mittelmäßigkeit wird an den Universitäten geschwiegen. Der „Erfolg" läßt sich am besten durch möglichst großen Besitz an Geräten, Zimmern, Fensterachsen, Pflichtstunden und Mitarbeitern darstellen. Auch wenn alle voneinander wissen, was jeder in Lehre und Forschung zustande bringt, es wird darüber und über die Konsequenzen nicht offen diskutiert. Die Intrige gibt es. Es gibt zu wenig Kritik, aber auch zu wenig Kooperation in den Fächern, geschweige denn über die Fächer hinaus. „Der beste Kollege ist der, der mir aus dem Weg geht."

Die interne und die öffentliche hochschulpolitische Diskussion ist stark Input-lastig. Über die fehlenden Mittel wird geredet, über den Erfolg, über den Ertrag des Aufwandes kaum. Das betriebswirtschaftliche Grundmuster – das Verhältnis von Aufwand und Ergebnis – scheint überhaupt verpönt zu sein. „Wissenschaftsfreiheit", „Autonomie" müssen oft für allerhand Zustände und Forderungen herhalten, die mit dem Schutz vor unzulässigen staatlichen Eingriffen in die selbst- und kollegialverantwortete Lehre und Forschung nichts zu tun haben. „Für Wissenschaft kann man nie genug Geld ausgeben", heißt es, gemeint ist staatliches. Ohne Erfolgskontrolle?

Die Hochschulen sind große Organisationen geworden. Für die größte Universität, die Universität Wien, wurden 1991 rund vier Milliarden Schilling, für die kleinste Universität, die Universität für Bildungswissenschaften Klagenfurt, 230 Millionen Schilling ausgegeben. Die Wiener Hochschule für Musik und darstellende Kunst beispielsweise verbraucht rund 400 Millionen Schilling jährlich. Die Hochschulen sind aufwendig und arm zugleich. Sie sind schwer zu steuern, zum Teil unregierbar: Wegen ihrer Größe, ihrer Komplexheit, ihrer bürokratischen Organisation, einschließlich Ministerium, und wegen ihrer sachlichkonfliktlosen, durch Rückzug und Vereinzelung geprägten, staatskritischen, aber Staatsfinanzen fordernden, politischen Kultur.

Die Studienvorschriften sind meist eine Eins-zu-Eins-Abbildung der Arbeitsteilung in der Forschung, Fach für Fach, Fächerchen für Fächerchen, und nicht problem-, realitätsorientiert. Jedes oft auch sehr kleine, neue Teilfach, in dem der einzelne durch Forschungsarbeiten Karriere macht, kommt – additiv – in den Studienplan. Weggelassen wird nichts. Die Zahl der Prüfungen auch über kleine Fächer, deren Wissen mit dem der anderen nur selten verknüpft wird, wächst kontinuierlich an. Die Studiendauer auch. Zu viel Schule. Am Ende wissen die Absolventen sehr viel oder haben viel Wissen in zahlreichen Einzelprüfungen nachgewiesen. Sind sie aber so qualifiziert wie es sein sollte, zum Handeln nämlich, indem sie Wissen anwenden, Wissensbestände integrieren und Probleme lösen? Haben sie geübt, mit anderen zusammenzuarbeiten? Kaum. Die Hochschule, wie die Schule vorher, fordert und begünstigt das Einzelkämpfertum, trainiert nicht Zusammenarbeit, die in den meisten Berufen so wichtig ist. Sie fördert auch unsoziale Einstellungen.

Reale Verantwortung für erbrachte Leistungen zur Ausbildung der Absolventen gibt es nicht, nicht „Marktrisiko", nicht „Produkthaftung", auch wenn eine solche Verantwortung individuell gesehen oder moralisierend vorgegeben wird. Beachtenswürdige Leistungen bleiben ebenso wie die Verweigerung von Leistungen in der Regel folgenlos. Verständlich daher das Übermaß an Gleichgültigkeit, Frustration und Rückzug in die Privatheit. Wer kennt nicht die Hochschullehrer, die zwar Karriere gemacht haben oder dabei sind, aber entmutigt sind, ohne wirklichen Beitrag zur Weiterentwicklung ihrer Disziplin, mit tatsächlich vorhandenen oder behaupteten viel zu vielen – angeblich dummen – Studenten, ohne Anreiz für mehr Engagement, gehemmt durch Vorschriften und Kollegen? Die mißlichen Zustände erfahren meist polemische Erklärungen und Schuldzuschreibungen: Die Gesetzesflut, der Geldmangel. Vor allem das Universitäts-Organisationsgesetz sei an allem schuld, gemeint sind Mitbestimmung und staatlicher Einfluß.

Das Universitäts-Organisationsgesetz 1975 hat die kollegiale Selbstverwaltung beibehalten, mit der Hoffnung verbunden, die Mitbestimmung aller Beteiligten würde mehr Sachrationalität bewirken. Planungsaufgaben und Einzelentscheidungen sind Aufgaben der Kollegialorgane. Ausgearbeitete, sachliche Entscheidungsunterlagen, aufgrund derer eine Unternehmensleitung entscheiden würde, gibt es aber selten, die Entscheidungen erfolgen in der Regel interessensgebunden – auch ständisch bestimmt. In nicht wenigen Kommissionen herrschen Profis, die mit dem komplizierten Regelsystem vertraut sind. Auch sitzt die Ablehnung demokratischer Verfahren bei manchen tief. Viel zu häufig wird Demokratie rituell gespielt. Eine unselige Erfahrung für junge Menschen!

Kultivierte, sachliche Auseinandersetzungen sind selten. Die Kraft zu Entscheidungen ist schwach entwickelt. Das Weiterreichen von unentschiedenen oder schlecht entschiedenen Fragen an das Ministerium ist die Regel. Nicht selten verbunden mit Forderungen nach mehr Mittel und Kritik des staatlichen Einflusses. Tatsächlich enden viel zu viele Verfahren in einem komplizierten bürokratischen Regelsystem förmlich an der politischen Spitze, beim Minister. Über viele Bereiche gibt es nur Entscheidungen für Anträge, keine selbständige Dispositionsmöglichkeit. Die Ausgaben sind im Rahmen der detaillierten, für alle Bundeseinrichtungen in gleicher Weise gültigen, finanzrechtlichen Vorschriften abzuwickeln. Wirkungsvolle Anreize zum Sparen gibt es nicht. Erspartes Geld für Schreibmaterial zum Beispiel darf nicht für Bücher verwendet werden. Eine Planstelle einzusparen bringt nichts; das ersparte Geld kann nicht für andere Zwecke verwendet werden.

Heute ist fast alles überall, wo es nur irgend geht, eingerichtet. Die Folge: Es gibt zu wenige leistungsfähige Schwerpunkte; und zu viele Institute und Studienrichtungen sind wegen Ressourcenmangels in ihren Entwicklungen steckengeblieben. Die Arbeitsbedingungen für viele Wissenschafter sind unzulänglich, oft ohne konkrete Verbesserungsaussicht. Viele Studenten haben unbefriedigende Studienbedingungen. Freilich ist von den Klagen der Lehrer und der Studenten über Ressourcenmangel ein beträchtliches Ausmaß an Übertreibung und überzogenen Ansprüchen abzuziehen. Die Begehrlichkeit, selbst kleinste Bereiche in größter Isolation einzurichten, eingerichtet zu bekommen, die mit den anderen Fächern und Konkurrenten möglichst wenig zu tun haben, ist sehr stark entwickelt und hat an der Universität wenig wirksame Kontrolle. Und die Standhaftigkeit des Ministeriums ist klein, und die Planlosigkeit groß. Das Ministerium ist mit Detailverfahren, Einzelentscheidungen und Interventionen für Individualfälle fast ausgelastet, auf zielorientiertes Planen und Politik-Vorbereiten nur wenig eingestellt.

Was soll geschehen? Der Abschied von der Universität des deutschen Typs ist unausweichlich. Entweder, wenn man nichts oder nur Klein- oder Scheinkorrekturen macht, geht sie zu Grunde, weil sie unfinanzierbar, unregierbar und als zu leistungsschwach erkannt wird, oder, weil aus ihr durch radikale Änderungen eine neue, andere hervorgeht.

Selbständige Hochschulen, das Ministerium als Holding

Nach den drei großen Veränderungsschüben der letzten fünfundzwanzig Jahre – Universitäts-Organisationsgesetz, Verrechtlichung der Studienvorschriften, Expansion –, die alte Probleme zum Teil gelöst, zum Teil aber weitergetragen, auch vergrößert und natürlich neue erzeugt haben, ist eine große Reform fällig. Die Zeit wirklichkeitsferner Beschwörungen vorindustrieller Verhältnisse, längst verlorener Spitzenpositionen in der Wissenschaft, nur geredeter Veränderungen oder leerformelhafter Gesetzesaufträge ist vorbei. Jetzt müssen wir mit Blick auf die Realitäten und auf die Diskrepanz zwischen Anspruch und Wirklichkeit diskutieren und bald handeln.

Die Hochschulen müssen gemeinsam mit den für sie tätigen staatlichen Organen das 19. Jahrhundert schnell, noch vor dem 21., verlassen. Nicht die Rückkehr zu Verhältnissen vor der Siebziger-Reform, nicht die Zuflucht in autoritäre Zustände, nicht die unüberlegte Übernahme gepriesener ausländischer

Modelle und nicht die einfache Übertragung einer Betriebsorganisation von Wirtschaftsunternehmen bringen eine taugliche Lösung.

Sicher ist: Die Hochschulen müssen zu selbständigen, leistungsorientierten Einrichtungen mit eigenem Profil in Lehre und Forschung und mit realer Verantwortung umgewandelt werden. Sie brauchen dort und da mehr Geld. Sie müssen es bekommen, aber sie müssen wesentlich besser wirtschaften, weniger selbstzweckhaft sein, leistungsfähiger sein. Sonst fehlt die politische Legitimitätsbasis.

Selbständigkeit bedeutet den Bruch mit ehrwürdigen Traditionen. Der Gesetzgeber müßte einfache, nicht auf Detailregulierung abgestellte, aber tatsächlich wirksame Gesetze beschließen. Das heißt natürlich auch, solche Vorlagen mit klareren Aufträgen als heute aus dem Wissenschaftsministerium erhalten. Die Gesetze sollen die Leistungsfähigkeit, die Freiheit der Wissenschaften, die Unabhängigkeit der Hochschulen, die Freiräume für Kritik und unangepaßte Entwicklungen sichern. Das Wissenschaftsministerium würde die Hochschulen nicht mehr „verwalten“. Es sollte die Funktionen einer Holding wahrnehmen und sich auf strategische Planung, Finanzierung und Kontrolle konzentrieren. Die konsequente Alternative ist, das Ministerium deutlich zu verkleinern und eine eigene Holding zu schaffen, die im Auftrag des Ministers firmenähnlich, zwischen Ministerium und Universitäten angesiedelt, diese Aufgaben ausübt. Selbstverständlich muß die Finanzhoheit, da die Finanzierung jedenfalls der bestehenden Hochschulen nahezu auch weiter gegen hundert Prozent ausmachen dürfte, beim Gesetzgeber liegen. Dieser sollte aber pauschal die Mittel zuteilen, mit Schwerpunkten und viel stärker und konkreter mit Zielsetzungen verbunden. Der Wissenschaftsminister wäre für die Planungen und für die Gesetzesvorlagen zuständig und hätte die Aufsicht über die Universitätsholding. Das Haushaltsrecht in der heutigen Form könnte dann nicht mehr angewendet werden. Jede Hochschule würde ein eigenes Gesamtbudget im Rahmen der gesetzlichen jährlichen Vorgaben sowie im Rahmen der für eine Legislaturperiode festgelegten Planungen des Nationalrates und des Wissenschaftsministers zugeteilt erhalten.

Infolge des Verzichts des Gesetzgebers und des Ministeriums auf Detailregeln werden Entscheidungsbereiche in beträchtlichem Umfang frei. Die Kollegialorgane der Hochschulen, organisiert nach dem demokratischen Prinzip der Mitbestimmung der Betroffenen, nehmen hochschulinterne „gesetzgeberische" Funktionen wahr. Sie erlassen Richtlinien und treffen die wichtigsten Sach- und Personalentscheidungen. Die Ausarbeitung von Vorlagen, die Ausführung der Beschlüsse – in wichtigen, vor allem wirtschaftlich relevanten Fragen mit Einspruchsmöglichkeit – würde ein professionelles Management mit Gestaltungsmöglichkeiten wahrnehmen. Im Management wären Profis, die von außen kommen, oder Hochschullehrer, diese aber hauptberuflich, tätig. Die Hochschullehrer sollten sich verstärkt ihren eigentlichen Aufgaben, nämlich Forschung und Lehre widmen können. Die fachliche Infrastruktur für das Management wäre zu schaffen. Die Spitzen sollten mit vergleichbaren Stellen in großen Wirtschaftsunternehmen konkurrieren können. Bezahlung und Beschäftigungsdauer natürlich erfolgsabhängig. Der Erfolg ist gute Lehre und anerkannte Forschung.

Die gesellschaftliche, wirtschaftliche und regionale Einbindung sollte durch ein Kuratorium intensiviert werden. In diesem sollten Repräsentanten des jeweiligen Bundeslandes, der Stadt sowie angesehene Persönlichkeiten aus dem öffentlichen Leben und der Wirtschaft vertreten sein. Dieses Kuratorium hätte die Entwicklungspläne, das Budget und den jährlichen Arbeitsbericht der Universität zu beraten und Empfehlungen abzugeben. Es sollte keineswegs förmlich Einfluß nehmen können, aber eine Instanz sein, die beachtet werden muß.

Die Pragmatisierung der Hochschullehrer soll beibehalten werden. Sie soll Unabhängigkeit, Selbständigkeit und Kritik sichern helfen. Allerdings nicht für alle, und nicht so früh, zuerst auf Zeit und stärker erfolgsabhängig als dies heute der Fall ist. Die Bezüge müßten höher sein als heute, sonst wäre die Selektion für den Beruf des Hochschullehrers negativ. Bedeutende Wissenschafter aus dem Ausland, Auslandsösterreicher sowie Persönlichkeiten aus der nicht-universitären Praxis müßten gewonnen werden können. „Immer-nur-in-der-Schule-Karrieren" sollten wesentlich seltener werden. Die Lehre könnte mehr Zuwendung erfahren und stärker verantwortlich betrieben werden, wenn man sie studienrichtungsweise innerhalb der Fakultäten in einer eigenen Einrichtung – in „Schulen", aber nicht alle auf gleiche Weise, organisierte. „Studiendekane" sollten mit den Studienkommissionen mit Gestaltungs- und Sanktionsmöglichkeiten die Qualität des Lehrbetriebs sichern.

Die Organisation der Forschung müßte – leistungsfördernd – wesentlich flexibler sein und größere Einheiten haben. Die Auflösung der Institute, mehr als 50 Prozent Ein-Professoreninstitute, müßte ein wichtiges Diskussionsthema werden. Die größeren Einheiten müßten Organisations- und Managementunterstützung haben, die viel besser wäre als dies in den heutigen Kleininstituten mit ihren Nebenbeileitern und unzulänglicher Personalunterstützung der Fall ist.

Alle Fächer sollten durch die Verbesserung der Arbeitsbedingungen und der Konkurrenzfähigkeit profitieren, alle, unabhängig von ihren wirtschaftlichen oder sonstigen Nutzungsperspektiven.

Eigenes Profil

Unsere Hochschulen sind unterschiedlich groß, sie haben recht unterschiedliche Aufgaben und vielfältige Traditionen. Sie alle gleichzeitig zu reformieren und nach ein und demselben Muster zu gestalten, hieße, die Reformabsicht nicht ernstnehmen. Es wäre eine ungeheure Überforderung für alle. Fangen wir mit einigen an, die sich am besten eignen! Nicht als „Testhochschulen", dies wäre eine unmenschliche Vorstellung, sondern als die ersten in einem vielleicht zwei Legislaturperioden andauernden Änderungsprozeß. Man müßte sich auch die Teilung der riesig gewordenen, inhomogenen Universitäten überlegen, sodaß handlungsfähige Einheiten entstehen. Ein symbolisches Dach könnte bleiben. Die teuren medizinischen Fakultäten könnten zu selbständigen Universitäten mit eigenem Management umgewandelt werden. Wären sie dann nicht ein wesentlich effizienterer Partner der Krankenanstaltenträger? Ist dies zum Beispiel für das Allgemeine Krankenhaus Wien nicht überfällig?

Die einzelnen Universitäten und Fakultäten sollten durchaus miteinander in Konkurrenz treten, sie sollten nicht alle das nahezu gleiche Angebot haben. Wettbewerbsfähig müssen sie werden, in einem Europa mit Freizügigkeit unausweichlich. Schwerpunkte in Forschung und Lehre müssen gebildet werden. Dafür sind verbal fast alle, die Entscheidung für Prioritäten bedeutet aber auch die Entscheidung für Posterioritäten. Nicht jedes Fach kann an jeder Fakultät ein Schwerpunkt sein. Sachrationalität und konfliktfähige Politik mit Standvermögen sind da gefordert. Fachvertreter, Erfolg suchende Rektoren, Bürgermeister, Abgeordnete und Landeshauptleute können nicht alles haben, was sie sich wünschen.

Die Studien dürften, jedenfalls die meisten – nicht alle sind einheitlich zu reglementieren – nur halb bis zwei Drittel so lange dauern wie heute. Nicht jede neue Spezialisierung hat im Grundstudium einen sachlich berechtigten Platz. Viel Wissen veraltet auch in kürzester Zeit. Die Diplom-Studien müssen entspezialisiert werden. Viel mehr junge Menschen als heute sollen ein solches Studium absolvieren.

Die deutschen Universitätstraditionen sitzen tief und fest als Selbstverständlichkeiten in unserem Denken. Es steht dafür, das angelsächsische System zu prüfen. Das wichtigste wäre: Ein dreijähriges Grundstudium mit intensiver Betreuung, die Studienzeit wäre von der Mehrheit der Studenten einzuhalten, es gäbe Erfolgsanreize für die Lehrer. Für die wissenschaftlich Ambitionierten soll es ein auf dem Grundstudium aufbauendes Magisterstudium und für diejenigen, die das Interesse für eine wissenschaftliche Karriere oder für wissenschaftlich anspruchsvolle Qualifikation haben, soll es das Doktoratsstudium geben. Nicht alle Studien wären in gleicher Weise zu gestalten. Das Medizinstudium ist doch etwas anderes als das Studium der Handelswissenschaften oder das Lehramt für Geschichte was anderes als ein Ingenieurstudium zum Beispiel. Ist die Zwanghaftigkeit, mit der fast alles einheitlich normiert wird, nicht der Ausdruck von Einfallslosigkeit? Die Anerkennung der Studien und von Studienteilen, weniger quantitativ bürokratisch (Zeugnisse und Stundenzahlen), sondern qualitativ (erworbenes Wissen und Fertigkeiten), innerösterreichisch und international anerkennungsfähig, muß gesichert werden.

Die „zweite Öffnung"

Das Studienangebot nach der Matura soll den Interessen der jungen Menschen und dem Bedarf entsprechend vielfältiger gestaltet werden. Als Alternative zu den Universitäten sind berufsorientierte Fach-Hochschulen, EG-rechtlich mit Hochschuldiplomen anerkennungsfähig, wünschenswert. Hochschullehrgänge und Hochschulkurse müßten vermehrt angeboten werden, weniger in berufsqualifizierenden Bereichen, wo es einen funktionierenden nichtuniversitären Markt gibt, sondern in solchen, die sich mit Fragen der Lebensbewältigung befassen, und bei denen Kritik wichtig ist, für die der geschützte Freiraum der Universität gepflegt werden soll. Den vielen, die nach der Pflichtschule den Einstieg in die Höhere Bildung nicht wollen oder die Gelegenheit dazu nicht haben, jedoch Interesse und Fähigkeiten dazu besitzen, müßten der spätere Einstieg aus gesellschaftspolitischen („Chancengleichheit") und aus wirtschaftspolitischen („Begabungsreserven") Gründen real eröffnet werden. Die soziale Absicherung der Studenten soll erheblich verbessert werden. Höhere Stipendien, von denen man leben kann, für wesentlich mehr Studenten, damit studienzeitverlängernde und volkswirtschaftlich nicht wünschenswerte Erwerbstätigkeit neben dem Studium zurückgehen kann. Preisgünstige Wohnmöglichkeiten mit zeitgemäßem Standard müssen kurzfristig geschaffen werden.

Hochschulzeugnisse sollten aber nicht mehr automatisch und ausschließlich den Einstieg in bestimmte Berufe, vor allem im öffentlichen Dienst oder in die gesetzlich geregelten Berufe ermöglichen. Alle sollten die Chance haben, nicht nur die mit einem Diplomzeugnis oder einer Promotionsurkunde einer Universität! Das Zuweisungsmonopol der Universitäten sollte entfallen. Die Universitäten würden entlastet. Sie könnten mehr auf Lernen, Wissen und Können, weniger auf die Prüfungen Wert legen. Unsere Gesellschaft würde mobiler werden und sozial gerechter – und leistungsfähiger.

Alle Veränderungsvorschläge im Konjunktiv oder als Wunsch ausgedrückt, warum? Anregungen sind es, zur Diskussion gestellt, als Beitrag zu komplizierten Veränderungen, die durch Gesetz nicht einfach angeordnet werden können. Die Betroffenen und Interessierten mögen sich beteiligen.

Anmerkungen

1 Im „Profil“ Nr. 50 erschien ein Gastkommentar des Wiener Pädagogik-Professors Marian HEITGER mit dem Kurt TUCHOLSKY zitierenden Titel „Er war doch besser, der alte Professor“.

2 RAUTENBERG, A. F. G., Von der Menge der Studirenden in Deutschland, in: Moralische und Satyrische Schriften, Leipzig und Zelle 1773.

3 So stellt etwa Ludwig BOLTZMANN zu den Methoden der Physik fest: „Die Hauptursache des rapiden Fortschrittes der Naturwissenschaft in der letzten Zeit liegt unzweifelhaft in der Auffindung und Vervollkommnung einer besonders geeigneten Forschungsmethode. Auf experimentellem Gebiete arbeitet dieselbe oft geradezu autonomisch weiter, und der Forscher braucht nur gewissermaßen stets neues Material aufzulegen, wie der Weber neues Garn auf den mechanischen Webstuhl“. BOLTZMANN, L., Über die Entwicklung der theoretischen Methoden der Physik, in: BOLTZMANN, L., Populäre Schriften, hg. von BRODA, E., Braunschweig 1979, 122.

4 Vgl. z. B.: FORBERGER, R., Theoretische und empirische Bemerkungen zum Thema: Die industrielle Revolution in der Sicht der Genesis der Produktionskräfte, in: TROITZSCH, U./WOHLAUF, G., Technikgeschichte, Frankfurt 1980, 303, HABERMAS, J., Theorie und Praxis, Frankfurt 1978, 13.

5 „. . . Auch eine verwissenschaftlichte Zivilisation ist von der Beantwortung praktischer Fragen nicht dispensiert; deshalb entsteht eine eigentümliche Gefahr, wenn der Prozeß der Verwissenschaftlichung die Grenze technischer Fragen überschreitet, ohne sich doch von der Reflexionsstufe einer technologisch beschränkten Rationalität zu lösen. Dann nämlich wird ein vernünftiger Konsensus der Bürger über die praktische Beherrschung ihrer Geschicke gar nicht mehr angestrebt. An seine Stelle tritt der Versuch, die Verfügung über Geschichte ebenso

unpraktisch wie unhistorisch in der Art einer perfektionierten Verwaltung der Gesellschaft technisch zu erlangen." HABERMAS, J., Theorie und Praxis, Frankfurt 1978, 309.

6 TROITZSCH, U./WOHLAUF, G., Technikgeschichte, 17.

7 Vgl. z. B.: KROHN, W., Die Neue Wissenschaft der Renaissance, in: BÖHME, G./van den DAELE, W./KROHN, W., Experimentelle Philosophie. Ursprünge autonomer Wissenschaftsentwicklung, Frankfurt 1977; TROITZSCH, U./WOHLAUF, G., Technikgeschichte.

8 Vgl.: ZILSEL, E., Die sozialen Ursprünge der neuzeitlichen Wissenschaft, Frankfurt 1976.

9 Vgl.: van den DAELE, W., Die soziale Konstruktion der Wissenschaft, in: BÖHME, G., u. a., Experimentelle Philosophie, 138.

10 Vgl. z. B.: HANSEN, K./RÜRÜP, R., Moderne Technikgeschichte, Köln 1975.

11 Vgl. HANSEN/RÜRÜP, Moderne Technikgeschichte; RAPP, F., Die Forschung in der Technik (bzw. Technologie) des 19. Jahrhunderts, in: DIEMER, A. (Hg.), Konzeption und Begriff der Forschung in den Wissenschaften des 19. Jahrhunderts, Meisenheim am Glan 1978, MATHIAS, P., Wer entfesselte Prometheus? Naturwissenschaft und technischer Wandel von 1600 bis 1800, in: HANSEN/RÜRÜP, Moderne Technikgeschichte, 73.

12 Vgl. z. B.: KASTNER, R., Die Entwicklung von Technik und Industrie in Österreich und die Technische Hochschule in Wien, in: Blätter für Technikgeschichte, Technisches Museum für Industrie und Gewerbe in Wien, Forchungsinstitut für Technikgeschichte, Wien 1965.

13 „Der Widerstand kam damals nicht nur von Vertretern der Geisteswissenschaften, der literarischen Kultur, sondern auch von n mancher Naturwissenschaftler, die in der Technik ein reines Handwerk sahen, das einer theoretisch-wissenschaftlichen Anleitung nicht zugänglich ist und nur in der Umsetzung bekannter, naturwissenschaftlicher Erkenntnis in brauchbare Geräte besteht ... Nun, die Anerkennung der polytechnischen Institute als Technische Hochschulen war nicht aufzuhalten, aber die große Lösung, die Eingliederung der Ingenieurschulen als technische Fakultäten der Universitäten, mußte damals scheitern." PASCHKE, F., Ingenieur in zwei Kulturen, in: Sonderband der Technischen Universität Wien, Wien 1972, 10.

14 DIEMER, A., Konzeption und Begriff der Forschung, 203.

15 Bundesministerium für Unterricht, Bildungsplanung in Österreich, Wien 1965, 10.

16 Ebenda.
17 Club of Rome, Das menschliche Dilemma. Zukunft und Lernen, Wien 1979, 153.
18 HABERMAS, J., Die Idee der Universität – Lernprozesse, in: HABERMAS, Eine Art Schadensabwicklung, Frankfurt 1987, 85.
19 HUMBOLDT, W. von, Über die innere und äußere Organisation der Höheren wissenschaftlichen Anstalten in Berlin, in: HUMBOLDT, Werke IV, Darmstadt 1964, 262.
20 HUMBOLDT, Werke IV, 264f.
21 RÜEGG, W. (Hg.), Konkurrenz der Kopfarbeiter, Zürich 1985.
22 BEN-DAVID, J., The Scientist's Role in Society, Englewood Cliffs 1971.
23 RINGER, F. K., The Decline of the German Mandarins, Cambridge, Mass. 1969.
24 HUMBOLDT, Werke IV, 258.
25 ECO, U., Der Name der Rose, München–Wien 1982.
26 MEIER, C., Die Ohnmacht des allmächtigen Diktators Cäsar, Frankfurt 1982.
27 Wissenschaftsrat, Empfehlungen zur Förderung besonders Befähigter, Drucksache 5307/81, Berlin 1981.
28 HOFMANN, G., Wir sind nicht auf den Hund gekommen, Die Zeit, Nr. 34/1985.
29 CHORHERR, T., Die verteufelten Eliten, Die Presse, 28. 9. 1985.
30 Dagegen spricht nicht, daß die Aristokratie ähnlich wie die mittelalterlichen Klöster auch die Universität zeitweise dazu genutzt hat, dort ihre ungeratenen Kinder unterzubringen, eine Tradition, die das Großbürgertum übernommen hat. So hat die Universität auch die Funktion eines Auffangbeckens für soziale Absteiger aus den Oberschichten erfüllt.
31 Vgl. z. B.: DUBY, G., Die Zeit der Kathedralen, Frankfurt 1980.
32 SCHUH, F., Niederes aus hoher Schule, in: KELLERMANN, P. (Hg.), Universität und Hochschulpolitik, Wien 1986.
33 Vgl. z. B.: RINGER, F. K., Die Gelehrten, der Niedergang der deutschen Mandarine 1890 – 1933, Stuttgart 1983.
34 Text aus dem 13. Jahrhundert, zit. in: LE GOFF, J., Die Intellektuellen im Mittelalter, Stuttgart 1986.
35 Vgl. BOURDIEU, P., Die feinen Unterschiede, Frankfurt 1984.
36 Vgl. z. B.: BÜHL, W. L., Die postindustrielle Gesellschaft, eine verfrühte Utopie, in: Kölner Zeitschrift für Soziologie und Sozialpsychologie 4/1983, 776; GLÜCK, E./WELAN, M., Die Republik der Mandarine, in: Wirtschaftspolitische Blätter 1/1984.
37 BÜHL, Die postindustrielle Gesellschaft, 780.
38 HELMUT, J./LINK, J., Ein Mann ohne Klasse, Frankfurt 1979.

39 CLAESSENS, D., in: FIELD, G./HIGLEY, J., Eliten und Liberalismus, Opladen 1983, 11.

40 SCHELSKY, H., Die Arbeit tun die anderen. Klassenkampf und Priesterherrschaft der Intellektuellen, Opladen 1975.

41 Vgl. z. B.: RUHS, H., Was hat die Psychoanalyse an der Universität verloren, in: Projektgruppe kritische Universitätsgeschichte, Vernunft als Institution, Wien 1986.

42 ORTEGA Y GASSET, J., Der Aufstand der Massen, Stuttgart 1956, 80.

43 Ebenda, 83.

44 STAUTH, G./TURNER, B. S., Nietzsche in Weber oder die Geburt des modernen Genius' im professionellen Menschen, in: Zeitschrift für Soziologie und Sozialpsychologie 2/1986, 81.

45 Vgl. z. B.: de BENOIST, A., Der Konflikt der antiken Kultur mit dem Urchristentum, in: KREBS, P., Das Unvergängliche Erbe. Alternativen zum Prinzip der Gleichheit, Tübingen 1981.

46 DIETZ, H., Im Westen gehen die Sterne unter, Freiburg 1979.

47 FIELD/HIGLEY, Eliten und Liberalismus.

48 Z. B.: KREBS, P., Das unvergängliche Erbe. Alternativen zum Prinzip der Gleichheit, Tübingen 1981.

49 DE JARDINE TABIE, J., Are Computers Changing Out Image of God?, in: The Futurist, July – August 1986, 19, und HAFFNER, K., Die neue Bildungkrise, Hamburg 1985.

50 HÖLLINGER, S./STEINBACHER, W., The University as Repository of Unsolved Social Problems, in: Hiroshima University (Hg.), The Changing Functions of Higher Education, Hiroshima 1985.

51 ORTEGA Y GASSET, Der Aufstand der Massen, 72.

52 CANETTI, E., Masse und Macht, Regensburg 1960.

53 ORTEGA Y GASSET, Der Aufstand der Massen, 100.

54 CLAESSENS, Eliten und Liberalismus, 13.

55 BELL, D., zit. nach DÖNHOFF, M., Der große Zauberer und seine welkenden Illusionen, Die Zeit 67/1986. „Wie kommt es eigentlich, daß von jener Zeit des liberalen Establishments der weisen Männer so gar nichts geblieben ist?" Daniel BELL, der Autor der „Postindutrial Society", sagt, das hänge mit dem Zusammenbruch der Vorherrschaft der weißen, angelsächsischen, protestantischen Ostküsten-Eliten zusammen. „Der Verfall begann mit den Bürgerrechtsbewegungen, also mit der Integrierung von Juden, Asiaten und Schwarzen in die Gesellschaft, und mit der Emanzipation der Frauen."

Verzeichnis der Erstveröffentlichungen

Die Texte der Erstveröffentlichungen wurden sprachlich, geringfügig auch inhaltlich überarbeitet, aktuelle Bezüge wurden weggelassen. In einigen Fällen wurden die Manuskripte in der ersten Fassung herangezogen, die bei den Redaktionen eingereicht, aber für die Veröffentlichung gekürzt wurden.

– *27 Anstöße zur Reform*
Eine wirkliche Hochschulreform. 27 Anstöße zur Diskussion, in: Zukunft. Die Zeitschrift für Politik, Wirtschaft und Kultur, 7/90, Wien 1990.

– *Autonomiesehnsucht und Regulierungswut*
Gesetzesflut über Universitäten? Im Dschungel von Paragraphen und betriebswirtschaftlichen Sachzwängen – Aus dem Alltag eines leitenden Beamten, in: Wiener Zeitung, 30. November 1990.

– *Universität ohne Heiligenschein*
Gastkommentar: Universitäten ohne Heiligenschein. Sigurd Höllinger plädiert für weltoffene Universitäten mit weniger bürokratischen Bürden, in: profil, Nr. 3, 14. Jänner 1991.

– *Leistungsfähigkeit durch Internationalität*
Österreichs Universitäten sollten sich nach außen öffnen, in: Wiener Zeitung, 9. Juni 1989.

– *Universitätsausbildung als Innovationshemmnis*
gemeinsam mit Walter STEINBACHER, in: Z. Perspektiven, Berichte, Analysen, Forschung und Innovation. Möglichkeiten und Hemmnisse, Wien 1981

– *Humboldts Erblast: Mythos und Herausforderung*
Humboldts Erbe als Mythos und Herausforderung in der heutigen Hochschulpolitik, gemeinsam mit Lutz MUSNER, in: Wilhelm v. Humboldts Universitätsidee – ihre Bedeutung für die Hochschulbildung heute, Seminarbericht, Berlin 1988.

– *Kontrolloser Schonraum Universität*
Kontrolloser Schonraum Universität. Der Mythos von der Hochleistungsuniversität widerspricht dem Alltag in Forschung und Lehre, in: Wiener Zeitung, 29. Juli 1988.
– *Die Universität als Deponie ungelöster Probleme*
The University as Repository of Unsolved Social Problems – Shortcomings of Human Capitalism, gemeinsam mit Walter STEINBACHER, in: The Changing Functions of Higher Education – Implications for Innovation, Hiroshima University, Hiroshima 1985.
– *Das Innovationsmonopol der Intelligenz als Innovationshemmnis*
Manuskript für einen Beitrag in der Sendereihe „Fragen zur Zeit – Essay und Kritik", Saarländischer Rundfunk, 27. Juli 1983.
– *Geheimnisse der Elitenbildung*
Von den Geheimnissen der Elitenbildung, gemeinsam mit Walter STEINBACHER, in: ZAPOTOCZKY, K. und RICHTER, R. (Hg.), Die europäische Herausforderung Österreichs, Linz 1987.
– *Fach-Hochschulen: Nicht Universität, nicht Schule*
Diversifikation des tertiären Sektors, gemeinsam mit Elsa GUNDACKER-HACKL, in: Die Universität im Dialog mit der Fachhochschule, Plenum 2/1991, hg. von der Österreichischen Rektorenkonferenz, Wien 1991.
– *Selbständigkeit und Qualitätskontrolle*
Self-Regulation and Quality Control, gemeinsam mit Elsa GUNDACKER-HACKL, Seminar U. S. Embassy Vienna and Standing Conference of Austrian Rectors, 13th – 15th March 1991.
– *Starke Männer, Managementkitsch gegen Steuerungslosigkeit?*
Universitätsmanagement: Bedingungen, Risiken und Chancen einer großen Reform, Vortragsmanuskript gemeinsam mit Walter STEINBACHER, Seminar „Führung von Unternehmen – Management der Universitäten", Vereinigung Österreichischer Industrieller und Österreichische Rektorenkonferenz, 24. April 1991.
– *Aus dem 19. ins 21. Jahrhundert*
Um die totale Reform der Hohen Schulen. Wie Österreichs Universitäten aus dem 19. ins 21. Jahrhundert geführt werden müßten, in: Die Presse, Spectrum, 6./7. Oktober 1990.

SIEMENS

Die PSE erstellt im Rahmen der europäischen Weltraumforschung – für die ESA – eine Softwarestudie über die wirtschaftliche Übertragung von ISDN-Breitbandsignalen über Satelliten.

Wir in Österreich exportieren gerne – auch Ideen: Software

Ein rohstoffarmes Land wie Österreich muß sich Besonderes einfallen lassen, um am Weltmarkt erfolgreich zu sein.

Österreichische Ingenieurleistungen setzen wir deshalb verstärkt für die Entwicklung von Software – von Computerprogrammen – ein. Diese werden für die Funktion komplexer Kommunikationssysteme ebenso gebraucht wie für die kommerzielle Datenverarbeitung, die Prozeßautomatisierung oder Medizinische Technik. Mehr als 2.200 der über 16.600 Mitarbeiter von Siemens Österreich arbeiten in der Softwareentwicklung. Damit ist unsere Programm- und Systementwicklung (PSE) in Wien, Graz und Salzburg eines der größten Softwarehäuser Europas.

Unsere Entwicklungen bewähren sich weltweit.

Im Airport-Tunnel Hongkong bewährt sich Siemens-Software aus Österreich.

PSE-Projekt: Computerchinesisch.
Das Offene Integrierte Chinese Processing Environment von Siemens ermöglicht Einsatz von Personal Computern mit chinesischen Schriftzeichen.

FW 855

Innovationen sichern unsere Zukunft: mehr Nutzen mit Siemens

Passagen Verlag

Derrida
Lyotard
Kofman
Engelmann
Baudrillard
Schirmacher
Lévinas
Vattimo
Weber
Bonk

Philosophie
Postmoderne
Dekonstruktion
Psychoanalyse
Gesellschaft
Politik
Geschichte
Typographie
Kunst
Literatur
Zeitgeschehen

Non digitali, sed vitae discimus.

Nicht für Digital lernen Österreichs StudentInnen, sondern für das Leben. Und manchmal wird daraus ein Leben mit Digital. Wo Sie sich jetzt immatrikulieren können?
Bei Digital Equipment Corporation Gesellschaft m.b.H., Nordring 2, A-2334 Vösendorf, Austria, Tel. (0222) 6901-0, Telefax (0222) 6901-1199.

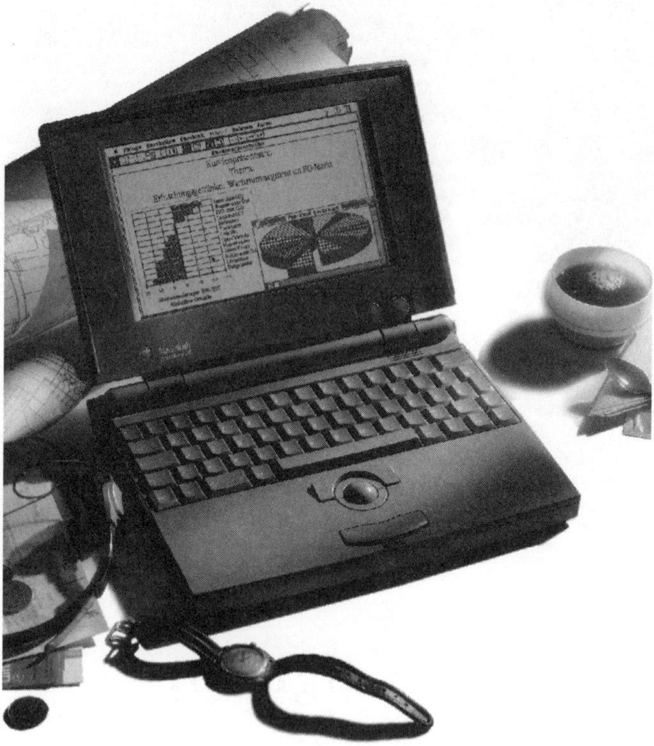

Das PowerBook von Apple

Nähere Auskünfte bei der PowerBook-Hotline 0660/60 40 (zum Ortstarif)

Apple

Es gibt keine
Probleme.

Nur Lösungen.

Besser mit IBM